品质课程聚焦丛书
王雪梅　杨四耕　主编

课程联结

学科课程群设计方法

王慧珍◎主编

全国教育科学"十三五"规划课题
"区域推进中小学品质课程建设的实践研究"
（课题编号 FHB180571）之研究成果

华东师范大学出版社
·上海·

图书在版编目(CIP)数据

课程联结:学科课程群设计方法/王慧珍主编. —上海:华东师范大学出版社,2021
(品质课程聚焦丛书)
ISBN 978-7-5760-2285-8

Ⅰ.①课… Ⅱ.①王… Ⅲ.①课程建设-教学研究-中小学 Ⅳ.①G632.3

中国版本图书馆 CIP 数据核字(2021)第 237532 号

品质课程聚焦丛书

课程联结:学科课程群设计方法

丛书主编	王雪梅 杨四耕
主　　编	王慧珍
责任编辑	刘　佳
特约审读	秦一鸣
责任校对	彭诗茹　时东明
装帧设计	卢晓红

出版发行	华东师范大学出版社
社　　址	上海市中山北路3663号 邮编200062
网　　址	www.ecnupress.com.cn
电　　话	021-60821666 行政传真 021-62572105
客服电话	021-62865537 门市(邮购)电话 021-62869887
地　　址	上海市中山北路3663号华东师范大学校内先锋路口
网　　店	http://hdsdcbs.tmall.com

印 刷 者	常熟高专印刷有限公司
开　　本	787×1092　16开
印　　张	14.25
字　　数	135千字
版　　次	2021年12月第1版
印　　次	2021年12月第1次
书　　号	ISBN 978-7-5760-2285-8
定　　价	44.00元

出版人　王　焰

(如发现本版图书有印订质量问题,请寄回本社客服中心调换或电话 021-62865537 联系)

丛书编委会

主　编
　　王雪梅　杨四耕

编　委
　　孙　波　李德山　崔春华　裴文云　李　红　廖纯连　苏家云
　　刘文芬　王慧珍　牛旌丽　柴　敏　吴长生　裴章云　刘　兵

本书编委会

主　编
　　王慧珍

成　员
　　韩　晗　付丽莎　王晓芳　张　波　刘　建　吴丽霞　许强力
　　檀淑庄　朱继武　吴文勤　罗贤玉　夏　阳　阮　莹　李新侠
　　贾贤俊　季必霞　储雅琼

丛书总序

自 2015 年以来，我们在合肥市蜀山区推进"品质课程"项目，致力于学校课程文化变革，改变区域课程改革生态。这些年，我们深刻地感受到，课程是一种文化存在，文化是课程的存在方式和存在本身。

怀特海指出，过程是世界万物固有的本性。[①] 在他看来，"事件"和"事物"不同：事件是唯一的，是不可重复的；而事物则是自然之物，是永恒的。[②] 据此，我们认为，课程文化不仅仅是事物的集合，更是事件的生成。我们可将课程文化理解为事件之展开而非仅仅是事物之集合，由此所展现的将是课程文化要素、课程文化形态、课程文化主体共同构成的一幅立体兼容的文化图景。

从"事物"角度看，课程文化是课程形态和课程实践蕴含的价值、信仰、规范以及语言等文化要素的合生体，这些文化要素构成了课程文化的基质。因此，课程文化是一种信仰、一种语言、一种规范、一种眼光、一种思维方式、一种处理问题的方式，它们具体表现为课程精神文化、行为文化、制度文化以及物质文化。课程文化要素的相互摄入以及微观生成，构成学校课程文化变革的内在过程。在怀特海看来，把具体要素据为己有的每一过程叫作摄入。[③] "摄入"理论从微观层面说明了现实存在自我生成的内在机制。

课程精神文化、行为文化、制度文化以及物质文化诸要素相互摄入进而存在于另一存在之中，成为相互依存的合生体。在这个合生体中，课程精神文化是最核心的、最深层的、根部性的文化要素，是课程物质文化、制度文化与行为文化的价值凝练和理念引领。课程制度文化是具有中介性质的文化，它联结课程物质文化和行为文化，既是课程物质文化的制度保证，又是

---

① 怀特海. 过程与实在：宇宙论研究（修订版）[M]. 杨富斌，译. 北京：中国人民大学出版社，2013.
② 陈奎德. 怀特海哲学演化概论 [M]. 上海：上海人民出版社，1988.
③ 杨富斌，等. 怀特海过程哲学研究 [M]. 北京：中国人民大学出版社，2018.

课程行为文化的规约机制。课程行为文化是课程文化的表现，既受课程精神文化的直接影响，又受课程制度文化的现实规范。课程物质文化处在表层，是课程精神文化、课程行为文化和制度文化的空间和载体。如此，课程文化诸要素相互摄入、相互作用，共同构成课程文化的深层结构。

课程文化变革过程包含"物质性摄入"与"概念性摄入"，[①] 这两种摄入是多维关联的重构过程，其中微观生成是生动活泼而丰富多彩的。一般地说，学校课程文化诸要素之间的相互摄入，其中课程精神文化居于核心地位，它体现于其他各要素之中。课程文化变革可以从课程文化的部分要素开始，以点带面，但要实现课程文化彻底转向，或要真正提升学校课程品质，就必须整体协调课程文化之各要素，就要以"文化的眼光"或"思维方式"进行这种摄入行动的思考和判断。

以上是课程文化的"事物观"及其变革机理。在这里，我想再说一个观点，那就是：课程文化不是简单的要素组合，而是一个展开的事件。正如巴迪欧在《存在与事件》一书中所言：真理只有通过与支撑它的秩序决裂才得以建构，它绝非那个秩序的结果；我把这种开启真理的决裂称为"事件"；真正的哲学不是始于结构的事实（文化的、语言的、制度的等），而是仅始于发生的事件，始于仍然处于完全不可预料的突现的形式中的事件。[②] 从"事件"角度看，课程文化是一个不可能重复出现的生成过程，处于不断运动变化之中。作为"事件"的课程文化之真理即是在完整的课程实践中成就人、发展人和完善人。

课程文化是学校里公开的或隐蔽的信念、行为、习惯和价值观等要素相互"包含""进入""创造""构成"的"合生"事件，它融合了课程的物质和精神两个层面的意涵，它不仅包含课程意识、课程理念、课程价值等内隐的精神文化形态，而且包含学校课程实践过程中所创造的课程物质、课程制度以及课程行为等外显的文化形态，是诸要素相互参与和多维互动的创造过程，是"事件"生成与发生的过程——因为"文化的每一个方面都是一个能

[①] 怀特海认为，对现实存在的摄入——其材料包含着现实存在的摄入——叫作"物质性摄入"；对永恒客体的摄入叫作"概念性摄入"。参阅：杨富斌，等. 怀特海过程哲学研究［M］. 北京：中国人民大学出版社，2018.

[②] Alain Badiou. Being and Event［M］. London：Continuum International Publishing Group，2006.

够改变文化的创造源，都是非常主动的创造性力量"①。

一种文化首先意味着一种眼光，眼光不同，对所有事情的理解就不同。② 课程文化是我们做事的眼光、处事方式和思维习惯，是生长着的"事件"，是我们理解课程实践、推进课程变革的眼光。当然，课程文化虽然是一个"事件"，但在本体论意义上，课程文化仍然是一种不易感知的实在。人类学家指出，人们一般意识不到他们身边的文化，因为此类文化表现为平常的生活，表现为看上去正常和自然的东西。文化以无意识的状态或者说未被检查的状态悄悄地让我们做出选择、进入生活。③

但是，这并不妨碍我们认识课程文化，我们仍然可以用智慧感知课程文化的存在，我们仍然可以用眼睛捕捉课程物质文化、制度文化、行为文化和精神文化。课程物质文化是以物质形态存在的设施和空间，这是课程文化赖以存在的物质基础与场域条件；课程制度文化是学校制定的规约课程实践的活动程序和价值规范，是学校课程变革过程中形成的价值体系和活动规则；课程行为文化是行为主体在长期的课程实践过程中形成的处理课程事务的一以贯之的行为方式，这种行为方式具有长期稳定性、潜意识性和无需提醒等特点；课程精神文化是学校课程文化的核心，是主导学校课程实践的理念和精神，通常会借助富有哲理的语言加以概括。这些课程文化要素，我们可以"看见"它们的合生性存在，也可以"分辨"它们的原子性存在。

我们的结论是：课程与文化有着天然的血肉联系，凡是课程变革一定是文化变革，没有文化内核的课程变革很难取得成功；文化变革需要课程建设支撑，没有课程支撑的文化变革是不可思议的。怀特海指出，现实存在就是合生，每一个现实存在都不是只有一种元素的简单的存在，不是原子论意义上的存在，而是由诸多要素构成的合生或有机体。④ 在学校课程变革过程中，课程与文化二者"合生"即生成课程文化。课程与文化的"合生"设计，是学校课程文化变革的重要方法。

在具体操作上，推进学校课程文化变革有两条道路可供选择。第一条道

---

①② 赵汀阳. 赵汀阳自选集［M］. 桂林：广西师范大学出版社，2000.
③ 约瑟夫，等. 课程文化［M］. 余强，译. 杭州：浙江教育出版社，2008.
④ 怀特海. 过程与实在：宇宙论研究（修订版）［M］. 杨富斌，译. 北京：中国人民大学出版社，2013.

路是自上而下的演绎道路，实现从文化概念到课程设计的"合生"。首先确定学校课程哲学，包括学校课程理念、课程愿景、育人目标和课程目标。其次，厘定学校育人目标和课程目标。再次，梳理学校课程框架，设计学校课程内容。复次，活跃学校课程实施，使课程功能最大化。最后，把握学校课程评价和管理。如此，课程文化建设是从文化概念建构开始的，由此展开学校课程整体规划，实现从文化概念到课程设计的"合生"。

第二条道路是自下而上的归纳道路，实现从课程实践到文化逻辑的"合生"。学校课程文化建设实际上也是学校文化决策过程，每一所学校都有自己的文化背景，包括周边的文化资源、历史传统、现实经验，这是学校课程文化变革的客观基础，也是学校课程哲学生长的土壤，"土质"的不同导致学校课程哲学追求的不同。在分析学校课程情境的基础上，对学生的需求进行调查，了解现有课程的实施情况，发现学校课程中存在的问题；根据学校课程情境分析和学生需求调查，形成学校课程哲学，明确学校的育人目标和课程目标；基于课程价值需求分析，建构学校课程框架与体系；布局学校课程实施的多维途径和多种方式，确保课程实施的有序与有效；制定一套课程管理制度，保障课程变革顺利推进；制定一套评估方法，对课程品质进行评估。这是由课程实践到文化逻辑的"合生"过程。

合肥市蜀山区"品质课程"项目实践表明，学校课程文化变革可以是演绎式，也可以是归纳式。演绎式可理解为"概念先行——实践验证"方式；归纳式可理解为"实践探索——归纳提升"方式。课程是具有情境性和价值负载的文本，学校课程文化变革宜采取"理论、研究与实践互动"的方式。这种方式不完全依赖于概念或理论，也不脱离学校实际情境。在学校课程实践中，以学校课程情境为基础，以课程的实际问题为切入点，以理论为指导，以概念为圆心，边研究边行动，在实践中总结提炼，又在实践中加以验证与改造，在理论与实践的互动互补、碰撞对话中生成学校独有的课程文化框架。

马克思说："全部社会生活在本质上是实践的。凡是把理论引向神秘主义的神秘东西，都能在人的实践中以及对这个实践的理解中得到合理的解决。"① 合肥市蜀山区"品质课程"项目探索告诉我们：实践是课程文化价值实现的根本途径，是推进学校课程文化变革的关键力量。学校课程文化变革必须为行动提供充分的理据，从而使得行动趋于合理化，增强学校文化变革的认同感和一致性。在某种意义上，这也是一种文化自觉。

杨四耕

2021 年 2 月 5 日于上海市教育科学研究院

---

① 马克思恩格斯选集（第 1 卷）[M]. 中央编译局，译. 北京：人民出版社，1995.

目录

前　言　把握课程要素的内在联系 —— 1

第一章　价值与意义的联结 —— 1

课程的价值在于提升学生综合素质，发展学生核心素养，而课程的意义在于根据学生不同的学段，体现不同层次的核心素养。课程价值与课程意义相互关联，高度一致，课程价值与课程意义的联结，更好凸显课程价值，不断丰富课程意义。把握课程价值与课程意义的内在联结，让学生眼中有光，心中有爱，目光所及皆是美意，实现立德树人的课程初旨。

　　第一节　和美地理：让和谐构建美丽人生 / 4
　　第二节　和谐地理：让人地协调之美融入心灵 / 15

第二章　目标与素养的联结 —— 29

课程目标是教育目标的下位概念，是可量化、可执行的目标框架，主要包括品德、智力、体质等维度，即当学生通过某一教育阶段的课程学习后，在上述几个维度预期所取得的提升成效。着眼于学生的素养的提升与培养的课程目标，是学生素养的具体化。在设计阶段，需要将目标分解为具体要素，落实落细宏观育人目标的要求。把握课程目标和学生素养之间的内在联结，使两者之间步调一致，更好地培养全面发展的人。

第一节　本真语文：回归语文本色教育 / 32
第二节　本色语文：挖掘语文丰富内涵 / 46

第三章　内容与目标的联结　　　　　　　　　　— 61

　　课程内容是实现课程目标的载体，贯穿整个课程内容的选择和设计，课程目标强调以学生发展为中心，反映课程促进学生个体成长的价值实现，二者相辅相成，是紧密连接的统一生命体。学生的主体活动是围绕课程内容而展开的，通过这个过程提高自己的能力和思想境界。把握好课程内容与目标的联结，可以引导我们采用更科学、高效的途径实现现代社会发展对教育的需求和期望。

第一节　Open English：让学生做学习的主人 / 64
第二节　怡趣英语：在学习中体验英语的乐趣 / 82

第四章　结构与时序的联结　　　　　　　　　　— 95

　　课程结构是课程各要素之间依据一定规律构成的组织形式，课程时序是依据课程结构进行课程教学的先后顺序。独特的课程结构和时序造就独特的课程功能，有利于课程的顺利实施。把握课程结构与时序的联结，厘清课程各要素之间的关系,进而形成有机的整体,将课程目标顺利地转化为教育教学成果,为课程寻求一种理想的生存状态,激发课程强有力的功能。

第一节　诗意语文:让诗词浸润学生生活 / 98
第二节　精灵英语:让英语跳动如精灵 / 110

第五章　学习与主体的联结 —— 123

学习是通过学生的主动行为而发生的,学生学到什么取决于自己做了什么,而不是教师做了什么。每一个学生都是学习的主体,都有自主学习的天性,学习的深度与广度在于主体的努力程度,学习与主体是相辅相成的有机整体,二者相互联结,使课程变得灵动鲜活,真正体现课程实施的价值。把握课程学习与主体的内在联结,使得每个学生都能快乐学习,自由生长。

第一节　灵动语文:为学生奠定幸福人生底色 / 126
第二节　灵动地理:让地理蕴涵灵动之美 / 141

第六章　管理与文化的联结 —— 157

课程的管理贯穿于整个课程实践全过程,课程管理的目的是为了着力优化课程资源,课程管理的重要环节包括计划、决策、组织、实施、控制、总结和提升。课程文化是学校经过多年来的探索和沉淀最终显现出来的,具有本土特色的精神内涵,它着力于育人环境的塑造。学校的教学行为、活动行为都是为着将学校文化更好地传承和发展下去。把握课程管理与文化的联结，让课程管理的目标更加明确，让课程文化更加丰盈。

第一节　Dream 英语：开启梦想的英语学习 / 160

第二节　致臻实践：让学习达到最佳境界 / 179

后　记　　　　　　　　　　　　　　　　　　　　　—— 201

# 前言　把握课程要素的内在联系

当前,学校课程中普遍存在"碎片化""大杂烩"的问题,构建优化整合的课程已成为学校课程改革的普遍诉求。[1] 如何解决"碎片化""大杂烩"的问题?其中一个重要的途径就是生成每所学校独有的课程模式,使学校课程变革具有逻辑性。学校课程模式是由独特的课程哲学、丰富的课程功能、严密的课程结构、全面的课程实施方案、多元的课程管理和评价等要素构成的。[2] 良好的课程,其要素应该具备相互配合、彼此联结的特点。原因是课程模式具有"严密性""动态性"和"独特性"的特点。"严密性"要求课程要素内部组成部分之间有规则的联系,各要素之间及要素内部组成部分之间具有一定的逻辑结构;"动态性"要求课程要素及其相互关系在不同的条件下,能够及时变化和调整,转化为更丰富和完善的整体系统;"独特性"要求课程模式各要素的具体建设要依据不同区域、不同学校和不同学生发展的需求,体现出区域性和多样性,同时也具备一定的指向性。[3]

义务教育阶段的课程旨在培养未来公民的必备素养。教育部印发的《关于全面深化课程改革落实立德树人根本任务的意见》要求学校开展跨学科主题教育教学活动,将相关学科的教育内容有机整合,提高学生综合分析问题、解决问题能力。我们认为,学科课程群的建设,要注意把握学科课程要素的内在联系,努力实现多维联动、紧密关联的课程模式要求。

鉴于此,本书以把握学科课程要素的内在联系为着力点,即价值与意义的联结、目标与素养的联结、内容与目标的联结、结构与时序的联结、学习与主体的联结、管理与文化的联结。我们认为,把握学科课程要素的内在联系就是要实现课程要素的优化联结。本书呈现了 12 所学校的学科课程群建设

---

[1] 杨四耕. 建设课程群,突破碎片化改革的局限 [N]. 中国教师报,2017-07-05(013).
[2] 杨四耕. 有逻辑地推进学校课程变革 [J]. 中国民族教育,2016(Z1):24—26.
[3] 杨四耕. 有逻辑地推进学校课程变革 [J]. 中国民族教育,2016(Z1):24—26.

方案，学科课程群涵盖了课程哲学、课程目标、课程框架、课程实施和课程评价等五个课程要素，跨越了不同学段、不同年级，在同一要素联结主题的基础上，对学科课程进行了具有逻辑性的分类和组合，通过重组、整合和优化相关课程，搭建课程要素内在联系的桥梁。

一、从"浅层"到"内在"，实现德智共生

课程哲学对学校课程有强大的引领作用，是建立课程模式的灵魂所在，是合理的课程论研究的逻辑起点。每所学校都应该有自己的课程哲学，它是一所学校师生所追求的价值观，课程哲学引领着课程的每一个环节。在课程研究的实践过程中，12所学校通过分析学校课程的外部情境与内部情境，确定学校课程理念，形成独特的学校课程哲学。12所学校课程群的具体学科性质、学科课程理念虽然有所不同，但都是学校教育哲学的重要组成部分，是学校课程意义和课程价值的抽象概括。我们认为，学校课程的价值是要培养学生的德性之智。学校课程的作用不应局限在掌握知识层面，而是从浅层知识到内在价值，注重智力与德性的共同发展。如：小庙中学的"灵动地理"课程是学校课程理念"育人灵性，尊人天性"的衍生课程之一；十里庙小学的"灵动语文"提倡充满自由的课程，给学生以心灵的自由。两所学校都注重尊重每一个学生的灵动天性，让每一位学生在学习灵动课程时都能发挥自我灵动性。

从浅层知识到内在价值，并不是忽略知识本身，寻找"内在"价值也不是简单地将各学科的课程价值和意义合并在一起，而以学生的真实生活情境作为基础和载体，利用生活化的经验素材，整合相关联的学科内容，实现知识的融会贯通，让学习者在学习过程中掌握知识，并且了解知识的意义，提升适应社会生活的能力，激发学习者的主动创造性。发掘课程之间的内在价值与联系，是要进行课程价值与意义的联结，是要打破课程之间的壁垒，寻找各学科课程育人价值的内在联系，帮助学生实现德智共生。

二、从"分散"到"连贯"，促进全面发展

教育是培养面向未来的社会公民，为了适应未来的变化和挑战，学校课程应该助力学生发展必备的核心素养，成长为全面发展的人。12所学校课程

群的建设以聚焦核心素养,聚焦目标为首要原则,发展以核心素养为依据的学校课程,培养学生的知识、能力、态度,以应对当前与未来的社会生活。蔡清田认为核心素养与中小学校课程具有连贯和统整的密切联系,尤其是核心素养可以统整不同的学科课程,发展学科课程目标、学习重点[1]。核心素养与课程目标的联结,使学校教育课程由"分散"到"连贯",促进学生全面发展。

核心素养统领课程联结模式,可用于联结各学段的学科课程,从而实现各学科课程的连贯和课程统整。合肥市五十中学东校"和美地理"课程与合肥市第十七中学"和谐地理"课程旨在让学生具备人地协调观、综合思维、区域认知、地理实践力的地理学科核心素养,虽然课程目标跨越了初、高中不同学段,但两所学校都依据地理学科的核心素养对三维目标进行了优化组合,明确了地理课程独特的育人价值,让学生能够用地理学科的视角和方法认识世界、解决问题,对自然有敬畏和尊敬之心,体会人地协调的核心精神。当然,时代在发展进步,社会环境不断变化,未来,学生将会面临更多新的挑战。我们认为,良好的学校课程目标应该是动态的,把握课程目标和核心素养的紧密联结,不断创新与优化,以促进学生必备核心素养的养成,促进学生全面发展,培育时代新人。

三、从"虚无"到"真实",助力具身学习

课程目标是课程改革和开发的基点,具有独特的地位和价值,同时它也是课程内容组织和优化的主要依据。如何合理地组织和优化课程内容?课程内容首先应该依据学习者的身心发展特点、学习基础和社会的发展方向来确定。这就要求教师要非常清楚学生的学习和生活环境,利用学生身边真实的情境打造切实有效的教学经验,引发学生最真切的反应,进入具身学习状态。我们认为,合理有效的课程内容应该要满足能唤起学生所期望的学习经验的情境的要求。把握课程目标与课程内容的内在联结,根据各学校的育人目标和具体的课程目标,以学生的生活经验作为基点,选择切实有效的课程内容,使学生获得真实有感的学习体验。

---

[1] 蔡清田. 核心素养与学校课程的连贯与统整[J]. 全球教育展望, 2017, 46(01): 24—34.

在组织学习经验时，12所学校遵循连续性、顺序性和整合性的三个准则，对教学内容的选择做深入探讨。金湖小学"本真语文"通过引导学生在日常生活中留心辨别方向的方法，培养观察天气的兴趣，并且能将自己的所观所感记录成日记，与同伴分享观察内容，以此来充分调动学生的多感官观察，用最真实自然的感受，在习作中写下生动的描述词语、段落，锻炼写作能力，表达对大自然的崇敬，激发探究大自然奥秘的兴趣。我们应该不断寻找课程内容和学生经验的最佳结合点，让知识逻辑变为学生可感的经验表达，从虚无琐碎的知识到真实系统的经验，激发学生积极探索、主动表达，助力学生具身学习。

四、从"无序"到"纵横"，重塑逻辑结构

课程各个要素不是杂乱无章的堆砌在一起的，而是按照一定的准则形成相对稳定的相互联系。学校是课程管理的重要主体，应该基于相关政策方针的要求和学校实际情况的不同，设计一个科学合理、具有可操作性的课程结构。根据相关学者研究，课程结构可以分为多个层次，例如泰勒将课程结构分为微观、中观、宏观三个层次[1]。我们认为，学校课程结构的设计不仅要关注学校课程结构的不同层次，而且要明确学校课程的实质结构和形式结构。根据各学科课程所处的位置、作用和地位的不同，从整体性的逻辑出发，对不同类型课程进行安排、组合和搭配，找到"课程时序"上的衔接点，避免出现重复、脱节、无序的不合理现象。再将整合后的课程以学年或者学期进行纵向布局与设计，也就是泰勒所提的中观层次，以此形成学校系统严密的课程结构。

学校课程的形式结构既注重不同课程之间的组合分配，又兼顾其内在联系，本书大部分学校课程就是采取该类型结构。如合肥市新城小学"精灵英语"课程分为"自主听说""乐趣悦读""精灵语社"三大类，按照课程逻辑体系对课程进行了合理分类和安排，体现课程的整体性和优化整合，并进一步按照年级和学期进行课程布局和设计，联结学校课程结构和时序，从无序到把握课程横向分类与纵向布局，形成了具有严密逻辑的课程结构。

---

[1] 林智中，陈健生，张爽. 课程组织[M]. 北京：教育科学出版社，2005：20—21.

五、从"单一"到"多元",发挥主体创造

学生是学校课程的主体。围绕学习主体的课程实施应该采用多维途径和多样方法,推动学生学习方式的变革。学校应该如何布局课程实施?关键在于优化教学方法,利用现代技术,注重学生的个性发展,发现和思考多维课程的实施途径,在显性和隐性的环境中尊重学习主体的发展,推动学习方式的变革,通过学习与主体的联结,做出学校立德树人的"意义感",形成学校内涵发展的"文化感"。

课程模式的建构不仅需要整合的课程功能和标准的课程结构,课程实施环节同样需要进行优化整合,这样才能最大程度发挥各学科课程的功能。黄山路小学结合学生需求和学校传统优势,成立了"墨香书法""快乐悦读""小小剧场""尖尖角"等优质语文社团课程,为学生提供丰富多彩、展示个性的自由平台,张扬个性。黄山路小学"本色语文"课程实施的方式多样化、灵活化,场所不限制于讲堂内,并且对校本课程进行了整合优化,在整体上体现学校"去伪存真,还语文本色"的课程理念。多维度、多途径的课程实施方式,整体转变了学生学习的方式,从教师满堂式灌输知识,学生被动接受式地学习,转变为与生活密切联系的主动探究和真实体验,在学习过程中激发学生的主动性、参与性和创新性。

如何判断学习方式是否发生明显转变、课程实施方法是否有效?生成每个学校的评价标准和模式是必要的,良好的学校课程评价方式一定有系统分析方法、有价值判断,并且能够指导学校课程进行改进和提升。多元的课程评价方式体现在课程发展全要素和全过程中,在12所学校的课程群建设中,尤其注重对学校课程实施和课程效益的评价。例如,小庙中心学校有自己独特的评价方式,不对作品直接打分和排名,而是强调写实记录,对学生的综合实践作品进行深入分析和研究,发掘作品内含的想法、灵感和情感,强调阶段性科学性评价。课程学习与主体的联结,促使了教师教学方式和对课程理解的转变,课程实施由依赖和完全照搬专家预设的课程转变为注重课程中的生成,与学生一起设计和实施课程,评价方式从单一到多元,充分发挥主体创造性。

六、从"封闭"到"开放",提升文化自信

建立完备的课程管理制度是学校课程有序实施的有力保障。提升学校课程品质离不开良好的课程管理,它是学科课程落实的有力保障。12所学校虽然课程管理制度不尽相同,但都紧紧围绕学校课程哲学内涵推动管理制度的建设与完善,形成课程管理的灵魂。此外,课程管理要素还包括学校课程的组织建设、资源开发利用、制度建构等,对这些课程管理要素进行联结、整合和优化,可以使得学校课程管理由封闭、刚性的层级管理走向开放、创新[①]。在这种管理制度下,帮助学校文化由浅层功利走向更注重人文底蕴,形成学校独特的文化自信,甚至能积极推动和改变学校教师队伍、教育行政、教科研的评价和管理。课程管理和文化的联结,让学校课程从封闭到开放,形成学校独特的管理方式和文化底蕴,打造学校独特的文化自信。

综上所述,将学科课程要素有序合理地组织在一起,保证课程价值与意义的联结,让学校课程价值从"浅层"走向"内在";领悟课程目标与素养的联结,让课程目标紧紧围绕核心素养,从"分散"到"连贯";梳理课程目标与内容的联结,让知识内容贴近学生生活,从"虚无"到"真实";建构课程结构与时序的联结,让课程框架从"无序"到"纵横";回归学习与主体的联结,让课程实施方式从"单一"到"多元";把握课程管理与文化的联结,让课程从"封闭"到"开放",这些做法是学科课程群建设的方法论,对于提升学科课程品质有极其重要的意义。

(撰稿者:付丽莎 王慧珍)

---

① 曹红旗. 课程改革中的整合与连接 [N]. 中国教师报,2018-09-26(006).

第一章

价值与意义的联结

课程的价值在于提升学生综合素质，发展学生核心素养，而课程的意义在于根据学生不同的学段，体现不同层次的核心素养。课程价值与课程意义相互关联，高度一致，课程价值与课程意义的联结，更好凸显课程价值，不断丰富课程意义。把握课程价值与课程意义的内在联结，让学生眼中有光，心中有爱，目光所及皆是美意，实现立德树人的课程初旨。

课程价值与课程意义的联结是课程联结的重要部分。课程需要构建课程教学与核心素养之间的内在联系，充分挖掘课程教学对发展素质教育、全面贯彻党的教育方针、落实立德树人根本任务的育人意义，立足学科本质提炼核心素养，明确课程应培养的正确价值观、必备品格与关键能力。课程要对知识与技能、过程与方法、情感态度价值观三方面进行有机整合，围绕核心素养的落实，精选、重组课程内容，明确内容要求，指导教学设计，建立以学生发展为中心的学习评价体系。

《义务教育地理课程标准（2011年版）》指出：义务教育阶段的地理课程有利于学生感受不同区域的自然地理和人文地理特征，从地理的视角欣赏以及认识我们生存的这个世界，有助于提升精神体验的层次以及生活的品味，增强学生对于地理环境的适应能力和理解能力；有益于学生形成正确的情感态度和价值观，形成良好的行为习惯，培养学生应对人口、资源、环境以及发展问题的基本能力。①

地理学是一门研究地理环境、人类活动和地理环境关系的科学，区域性、综合性是这门学科最主要的特点。"和美地理"课程与"和谐地理"课程是相互衔接的两门学科课程，这两门课程的内容都反映出地理学的本质，体现了地理学的基本思想与方法。"和美地理"与"和谐地理"课程旨在让学生具备地理学科四大核心素养，即区域认知、综合思维、地理实践力和人地协调观，从地理的视角欣赏和认识自然环境以及人文环境，懂得人与自然要和谐共生的道理，提升精神体验的层次和生活的品位，成为全面发展的社会主义建设者和接班人。

"和美地理"课程与"和谐地理"课程培养了学生必备的地理学科核心素养。两课程都旨在让学生增强人类和地理环境协调发展的基本理念，提升地理学科的必备品格与关键能力，饱含家国情怀，具有世界眼光，形成关注地方、关注国家以及关注全球地理问题的意识。

"和美地理"课程与"和谐地理"课程构建是以地理学科核心素养为主导的地理课程。两课程以地理学科核心素养为基本要求，构筑科学、合理的

---

① 中华人民共和国教育部. 义务教育地理课程标准（2011年版）[S]. 北京：北京师范大学出版社，2012：1.

课程体系，遵循基础性、多样性和选择性并重的原则，满足不同学生发展的需要。甄选有利于地理学科核心素养形成的课程内容，力求科学性、时代性和实践性的统一，满足学生现在和未来的学习、生活和工作的需求。

"和美地理"课程与"和谐地理"课程打造围绕地理学科核心素养的学习方式。两课程依据学生地理学科核心素养在形成过程中呈现出来的特点，科学合理地设计地理教学的过程，引导学生通过自主、合作以及探究等方式进行学习，在自然、社会等真实的情境中开展丰富多彩的地理实践活动。充分利用地理信息技术，营造直观、生动的地理教学环境。

"和美地理"课程与"和谐地理"课程建立是基于地理学科核心素养发展的学习评价体系。两课程准确把握地理学科核心素养的水平划分，以学业质量标准为依据，形成过程性评价与终结性评价相结合的学习评价体系，科学测评学生的认知水平、价值判断能力、地理思维能力和地理实践能力，全面反映学生地理学科核心素养的发展状况。

总之，"和美地理"课程与"和谐地理"课程让学生在课堂上感悟地理之美，让学生在生活中发现地理之美，进而感受自然之大美、社会之和谐，最终将人地和谐之美深埋于心。

（撰稿者：韩晗　张波）

第一节

和美地理：让和谐构建美丽人生

合肥市五十中学东校以"大爱于心，致真于行"为校训，以"爱真理、求真知、做真人"为育人目标，着力进行课程建设。目前，地理学科教研组共有 11 人。师资队伍优良，结构合理，拥有合肥市学科带头人 1 人，市骨干教师 1 人，区骨干教师 3 人，多人多次在国家、省、市、区各级优课、优质课、基本功大赛中获一等奖，主持、参与省市级课题。并且学校也成为合肥市初中地理学科教师培训基地校。在课程建设方面，我们依据教育部《关于全面深化课程改革落实立德树人根本任务的意见》和《义务教育地理课程标准（2011 年版）》等文件精神，推进学校地理学科课程群建设。

学科课程哲学　和而不同美美与共的地理

区域性与综合性是地理学科两个最显著的特点，不同地区的地理环境可能有所不同，但一个地区的地理环境各要素却是和谐地组合在一起，呈现出"和而不同美美与共"的地理特征。

一、学科性质

地理学是研究地理环境以及人类活动与地理环境关系的学科，具有区域性、综合性等特点。地理学兼有自然科学和人文科学的双重性质，在现代科学体系中占有十分重要的地位，对于解决当代人口、资源、环境和发展问题具有重要作用。

地理环境是地球表层各种自然要素和人文要素相互联系、相互作用而形成的复杂系统。义务教育阶段的地理课程主要是区域地理，反映学生在日常生活中经常遇到的地理现象和地理问题，初步揭示自然地理环境各要素之间、自然地理环境和人类各种活动之间的复杂关系，体现不同区域的自然环境与人文环境的特点，阐述不同区域的地理概况，了解不同区域的发展差异，建立不同区域的区际联系，紧密联系学生的生活实际。

地理课程从不同的角度反映地理环境的综合性，这一课程包含了丰富多样的实践内容，例如野外地理考察、社会调查、地理实验演示、地理学具制作、各类图表的绘制和乡土地理考察等，突出人类目前面临的人口、资源、环境和发展等各种问题，也富含热爱家乡、热爱祖国到关注全球的教育内容，同时还包含可持续发展思想的教育内容。

二、学科课程理念

义务教育地理学科课程理念包含三方面内容，一是学习对生活有用的地理，二是学习对终身发展有用的地理，三是构建开放的地理课程。

1. "和美地理"是重生活的地理，重视在生活中发现地理之美。地理课程包含与生活密切相关的基础知识，如地球地图、区域地理等，引导学生在生活中发现地理之美，理解人类生产生活的地理背景，增强学生适应环境的能力，提升学生生活的品味。

2. "和美地理"是促思想的地理，促进学生形成可持续发展的思想。地理课程引导学生从地理的视角考虑问题、观察世界、关注大自然、关注人类社会，使学生逐步形成人地协调观，培育可持续发展的观念，培养学生成为具备地理素养的合格公民。

3. "和美地理"是乐实践的地理，让学生在实践中提升地理实践力。地理课程以培养学生地理实践力为落脚点，重视校内外各种地理资源的开发与利用，借助丰富多样的资源拓宽学习空间。地理课程注重多样的地理学习方式，鼓励学生在实践中学习地理知识，提升地理实践力。

合肥市五十中学东校地理人在不断的教学实践中，提出了"和美地理"的学科理念。"和美地理"用特有的地理方式来理解人与地理环境之间的关系，形成人地和谐的观念，让学生感受地理和谐之美，从而构建美丽人生。

学科课程目标　让学生感受地理和谐之美

《义务教育地理课程标准（2011年版）》课程目标指出：学生通过地理学习要掌握基础的地理知识，在学习地理的过程中获得基本的地理技能和地理学习方法，通过真实的地理案例了解环境和发展问题，增强学生的爱国主义情感，让学生初步形成全球意识以及可持续发展的观念。①

地理课程旨在着力培养学生四个方面的地理核心素养，这四大地理核心素养分别是人地协调观、综合思维、区域认知和地理实践力。"和美地理"以和谐为基础，以大美为目标，从而形成学校地理学科课程目标。

一、学科课程总体目标

1. 核心知识：区域认知。地理课程的学习能够让学生从区域的视角认识地理现象，运用区域分析和区域比较等方式来认识某一区域的地理特征，进一步理解该区域的人地关系，从而形成因地制宜开发区域的观念。

2. 关键能力：地理实践力。地理课程的学习能够让学生运用适当的地理工具完成地理实践活动，让学生对地理探究活动充满兴趣，并会用地理的眼光认识和欣赏身边的环境。

3. 思维方法：综合思维。地理课程的学习能够让学生从多个维度分析地理事物和地理现象，认识各地理要素之间相互制约、相互影响的关系，并在一定程度上解释某一地理现象或地理事物发生、发展和演化的过程，从而较全面地观察、分析不同区域的地理环境特点，让学生能够客观地认识真实的地理情境。

4. 学科品格：人地协调观。地理课程的学习能够让学生正确认识地理环境与人类活动的相互影响，认识人类的各种活动影响地理环境的不同方式、强度以及产生的后果。让学生能够全面理解人地关系，结合现实生活中出现的人地矛盾案例，分析其产生的原因，并提出合理化的建议。

---

① 中华人民共和国教育部. 义务教育地理课程标准（2011年版）[S]. 北京：北京师范大学出版社，2012：1.

二、学科课程年级目标

学科课程年级目标依据商务星球版《地理》教材和《义务教育地理课程标准（2011年版）》，结合义务教育阶段学生的身心发展特点，充分整合和调动包括学生的认知、行为、情感等多方面素养内涵，推动学生素质整体、全面发展。下文中，以七年级地理课程目标表为例，说明当前学科课程年级目标的具体内容（见表1-1-1）。

表1-1-1 合肥市五十中学东校"和美地理"七年级上学期课程目标表

单元	目标
第一单元	共同目标： 1. 了解人类对地球形状的认识过程。 2. 用相关数据描述地球的大小。 3. 用适当的方法演示地球自转和地球公转。 4. 理解地球自转和地球公转产生的地理现象。 5. 运用地球仪等工具说出经纬线及经纬度的划分。 6. 在地球仪上能够确定某一地点的经度和纬度。 校本目标： 1. 能够运用地理知识和地理工具进行地理观测，领略和美地图，进行和美实验。 2. 观察自然界一些地理现象，培养科学兴趣，感悟和美生活。
第二单元	共同目标： 1. 掌握地图三要素，能在地图上识别方位、经纬度，量算某两点之间的距离。 2. 在等高线地形图上识别山地的主要地形部位，估算海拔和相对高度，根据地形图的特征判读坡度陡缓。 3. 在地形图上识别不同的地形类型。 4. 根据需要选择合适的地图类型，查找所需要的地理信息。 5. 列举遥感图像、电子地图等在生产、生活中应用的实例。 校本目标： 1. 能够运用地理知识和地理工具，领略和美地图的魅力。 2. 通过借助地图、动手制作地理工具，观察自然界一些地理现象，分享和美地图的成果。
第三单元	共同目标： 1. 说出地球表面海陆比例，描述海洋和陆地分布的特点。 2. 运用世界地图指出七大洲和四大洋的位置和范围。 3. 举例说明海洋和陆地都处在不断的运动及变化之中。 4. 知道板块构造学说的基本观点，运用地图指出世界著名山系。 5. 运用实例说明火山、地震的分布与板块运动之间的关系。 校本目标： 1. 能够运用地理知识，通过模拟演示、拼图游戏等活动，说明一些自然现象之间的关系和变化过程，进行和美实验。 2. 了解一些重要的地理科学史及科学观点，进行和美思辨。

单元	目标
第四单元	共同目标： 1. 能正确区别"天气"和"气候"。 2. 能看懂常见的天气形势图，识别常用的天气符号。 3. 举例说明人类活动对空气质量产生的影响。 4. 运用气温分布图，归纳世界气温分布的特点。 5. 运用降水分布图，归纳世界降水分布的特点。 6. 能根据数据绘制气候直方图，并说出气温和降水的变化特点。 7. 能在世界气候类型分布图上指出主要的气候类型。 8. 举例说明纬度位置、海陆分布和地形等因素对气候产生的影响。 9. 利用案例说明气候对人类生产和生活产生的影响。 校本目标： 通过参观、体验等活动，能够简单描述一些重要地理事物的分布和自然现象的产生，感受和美生活。
第五单元	共同目标： 1. 通过地图和其他相关资料归纳世界人口增长及其分布的特点。 2. 利用案例说明人口数量过多对社会、经济及环境产生的影响。 3. 简单描述世界三大人种的主要特点及其主要分布地区。 4. 在地图上指出联合国六种常用工作语言的主要分布地区。 5. 列举三大世界性宗教及其主要分布地区。 6. 区别乡村景观和城市景观。 7. 利用案例说明聚落和当地自然环境之间的关系。 8. 知道保护世界文化遗产的重要意义。 校本目标： 通过开展和美思辩活动，能够说明全球自然环境与人类活动之间的关系，以及尊重自然规律的重要性。
第六单元	共同目标： 1. 利用案例说明不同地域发展水平的差异。 2. 在地图上指出发达国家与发展中国家的分布地区。 3. 利用案例说明人们加强国际合作的重要意义。 校本目标： 通过开展和美思辩活动，说明全球不同地域之间的存在联系，以及加强国际合作的重要性。

学科课程框架　建构和谐而美的地理情境

为了实现上述地理学科课程目标，我们开发的"和美地理"系列课程，依据学校 L-O-V-E 课程体系的总体框架，设立"1＋X"地理课程群，"1"指的是基础课程，为学生未来学习、工作和生活奠定重要的基础；"X"是依托基础课程的学科特点，以及学生的学习需求，延伸开发的拓展课程。

主要满足学生的个性化学习需求，让学生经历动手实践、自主探索与合作交流的学习过程，培养学生的应用意识和创新意识。

一、学科课程结构

义务教育地理课程由四个部分组成，即地球地图、世界地理、中国地理和乡土地理。其中，"地球地图"这部分内容为学习区域地理打好基础。地理要素采用单独列出和与区域地理结合两种方式。世界地理和中国地理"认识区域"部分，其中有少部分地区是必选区域，其他区域可由教材编写者和教师根据各地区的具体情况进行自主选择。"乡土地理"这部分内容既可进行独立学习，也可将它作为案例教学的载体。学生通过在必选区域学习过程中掌握的地理知识和地理方法，开展探究性的地理实践活动。

"和美地理"课程分为"和美地图""和美生活""和美思辩""和美实验"四大类别，构建课程体系如下图（见图1-1-1）。

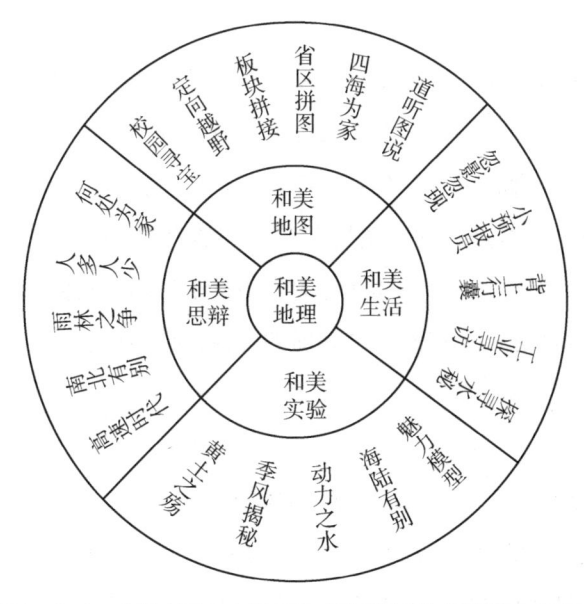

图1-1-1 合肥市五十中学东校"和美地理"课程结构示意图

二、学科课程设置

"和美地理"课程设置如下表（见表1-1-2）。

表1-1-2　合肥市五十中学东校"和美地理"课程设置表

实施年级	和美地图	和美生活	和美思辩	和美实验
七年级（上学期）	校园寻宝 定向越野 洲洋速拼 板块拼接	美丽大自然 忽影忽现 小预报员	何处为家 人多人少	玩转地球 地形模型 海陆有别
七年级（下学期）	道听图说之自然探索 道听图说之人文探索 道听图说之典型区域	背上行囊 世界之旅	雨林之争 南北问题	模拟火山 赤道雪山
八年级（上学期）	走遍中国 省区拼图	探寻水秘 农业寻访	忧喜二孩 高速时代 再现民族风	动力之水 海底大陆架 季风揭秘
八年级（下学期）	四海为家 图说中国	工业寻访 家乡矿产	寻访四合院 南北有别	黄土之殇 探秘坎儿井

学科课程实施　发现地理之美的学习过程

在地理教学中，教师需要了解地理课程设计的基本思路，按照《义务教育地理课程标准（2011年版）》中的地理课程目标、地理教材内容以及学生的自身特点制定具体的教学目标。在教学过程中，要体现地理学科特色，灵活运用多种教学方式及方法，重视利用地理信息技术，重视对学生学习兴趣、学习能力、创新意识以及实践能力几方面的培养。根据"和美地理"的课程理念、学科性质、课程目标等方面的要求，我们从以下几个方面进行课程实施。

一、构建"和美课堂"，让"教""学"共同生长

"和美课堂"是指以生为本，以学科核心素养为基准，构建生生和谐、师生和谐的地理美丽课堂。旨在倡导"和而不同，美美与共"的课堂环境，让教师的教和学生的学共同生长。

1. 构建"和美课堂"，从四个方面进行实施。（1）创设情境，激发兴趣。从教学内容、学生的生活经验和已有知识背景出发，教师基于真实的情境进行案例式教学。贴近生活，回归自然，让学生感知自然的和谐美丽，激

发学生学习兴趣，体现地理课堂情境的和谐美丽。（2）互动对话，积极质疑。在建立师生之间平等沟通平台的基础上，营造民主、和谐的课堂氛围，为师生进行有效互动提供保障，为学生充分进行交流和互动提供机会。自然而然，让师生对话、学生质疑成为一种习惯，体现出地理课堂师生的和谐与美好期待。（3）展示研讨，智慧分享。学生通过小组讨论，把讨论后的成果进行分享，体现地理课堂生生的和谐与美好。（4）拓展延伸，共同成长。把课堂延伸到课外，进行知识的拓展，能力的提升，在这个过程中实现学生的共同成长，体现地理课堂内外的和谐与美好。

2. "和美课堂"评价，采用过程性评价和终结性评价相结合的方式，要求在合格、良好、优秀三个层级上予以评价（见表1-1-3）。

表1-1-3 合肥市五十中学东校"和美课堂"评价表

评价指标	评 价 标 准
教学理念	以生为本，面向全体，因材施教
	以学科核心素养为基准
教学内容	注重真实情境创设，案例式教学
	关注课堂生成，将课本知识与课外自然有机结合
教学过程	创设情境，激发兴趣
	展示研讨，智慧分享
	互动对话，积极质疑
	拓展延伸，共同成长
教学效果	采用多样的评价方式，精准评价学生的地理素养
	学生主动参与，体验到课堂的快乐并有所收获

合格的标准：课堂情境的和谐之美。"和美课堂"要在教师的引导下，学生以真实的情境为案例展开研讨，将课本知识与课外自然知识相结合，培养学生的学习兴趣和学习能力。

良好的标准：师生、生生的和谐之美。良好的和美课堂，不仅是教学情境的和谐，更重要的是人与人的和谐。教师与学生之间、学生与学生之间，只有平等、民主的和谐关系，才能提高课堂学习效率，教学效果才可能良好。

优秀的标准：课堂内外的和谐之美。优秀的和美课堂不仅仅只体现在一节课当中，而是可以从课内延伸到课外，将课堂学习中形成的地理思维、良好的生态意识带到课外。利用地理课堂中的知识、方法解决课外生活中的地理问题，达到课堂内外的和谐与美丽。

二、倡导"和美学习"，让学习回归真实

"和美学习"是倡导基于项目的学习，它是一种教与学的模式，与传统教学方式对比，具有更鲜明的特质和要素。它从国家课程标准出发，目标指向学生发展核心素养，以学生为中心，在跨学科的真实学习中，提高学生自主学习能力、实践能力与创新精神，培养明辨性思维、解决问题的能力以及与人合作、沟通交流的能力。在学生学习地理的过程中，以一个真实问题和挑战作为开始，以一个展示和自省作为结束，项目的最终成果是学生学会创造和展示他们对内容和技能的理解和掌握。

1. "和美学习"从四个方面进行实施。一是学习目标的设定：项目的学习目标根据地理学科的关键能力及必备品格来设计，这是项目设计的起点与目标。二是驱动性问题的确定：设置挑战性的任务，利用真实问题驱动，帮助学生在项目中不断探究，从而能够反复完善作品，使学生的学习更主动、有意义。三是持续性的学习探究过程：通过项目单元的设计，让学生完成的进度少则几天，或可能会持续几个星期。在与同伴们积极、深入学习中，学生往往会提出新的、更多的问题，不断地寻求更多资源调整自己的解决方案，使得学习过程能够根据其学习情况不断生成与迭代。四是作品制作与展示：在"和美学习"设计时，要考虑学习成果是什么？阶段性的作品是什么？成果的评价量规是什么？明确而清晰的成果标准，不仅能引领学生朝着这个目标进行奋斗，也给家长参与到学生的学习过程，提供了明确的目标和机会。

2. "和美学习"的评价，分别由学生本人、同学、老师以及家长共同来完成。在"和美学习"实施过程中制定了系列科学的评价量规，涵盖过程和结果的评价，真正做到定量评价和定性评价、自我评价和他人评价、形成性评价和终结性评价之间的良好结合。评价的内容有课题的选择、学生在小组学习中的表现、计划安排、结果表达和成果展示等方面。在对结果的评价中

重视学生知识和技能的掌握程度，在过程评价中重视对各种原始数据、活动记录、实验记录、调查表、访谈表、学习体会等的评价。

评价方包含学生自评、学生互评、教师评价、家长评价四个方面：学生自评是让教师确定评价的项目、评价方法，让学生自己评价。教师评价是让教师观察学生学习过程中的情况记录及学习成果并对学生进行评价。学生互评是借助评价量表进行生生互评。家长评价是让学生家长根据在家学习表现及学习成果参与评价。

三、体验"和美研学"，让学习回归生活

把地理问题生活化，生活问题地理化，让教育重归生活是地理教育的一种趋势和共识。乐享研学体验，就是倡导生活场景即课程，鼓励学生回归生活，打通地理世界与生活世界的通道，在研学探究中感受快乐学习。

"和美研学"是一种地理实践与应用的活动，即通过学生运用所学知识去解决生活中的地理问题，使学生能够体验地理与生活的联系，体验地理研学的应用价值，同时在培养学生解决问题的过程中提高学生的动手操作能力、地理思考能力，以及创新实践能力。

1. "和美研学"活动实践的主体是学生，教师在活动中处于主导作用。负责研学的教师可根据学生的学习内容引导学生去观察生活，留心生活中的地理问题。学生可根据自己的兴趣、专长，自定研学活动主题，根据活动主题去查找资料，设计活动方案等。

2. "和美研学"活动评价实行多元评价，将学生自评、生生互评、老师评价、家长评价相结合，关注学生自主、合作、探究的意识。具体评价内容包括：活动主题生活化，活动方案设计合理化，活动问题解决科学化，活动成果呈现地理化。

四、开设"和美社团"，让学习丰富多彩

"和美社团"是将地理综合实践和应用与地理教学内容相结合，以小组学习研究的合作形式成立地理社团，如模拟联合国、经纬天地、石语社等。

1. "和美社团"在实施过程中，根据本社团成员的兴趣确定本社团活动主题，由社团成员协商制定活动方案。评价目标是本社团成员在某方面的潜

能是否能得到进一步开发，且兼顾自身的兴趣爱好和社会发展大需要来选择拓展内容，使地理实践力方面得到进一步的提高，进一步增强问题意识和解决问题的能力，进一步培养勇于探索、积极创新的精神。

2. "和美社团"活动评价关注过程性评价和终结性评价，主要依据社团老师的记录数据，主要包括学生完成任务情况、参与热情、团队合作意识等方面（见表1-1-4）。

表1-1-4 合肥市五十中学东校"和美社团"评价表

评价指标	评 价 标 准
社团组建	依据自身兴趣和特长，经过申请、审批等程序组建社团，有活动场所。
社团管理	社团具有健全、完善的管理机制，有更多队员积极参与，社团课程规划科学、合理。
社团活动	社团活动规范化、常态化，做到活动前有计划、中间有过程性资料、之后有总结。
社团成果	社团每学年至少进行一次社区展示，积极参加校内、外的交流展示，取得良好的教育效果，深受师生喜爱。
学生成长	学生通过主动参与社团课程，不断提高自主合作意识与自我教育的能力。

总之，作为地理教育工作者，应当从三个层面来认识地理，即作为工具的地理、作为教育的地理和作为文化的地理。我们要展示地理极富魅力的一面，那就是地理方法、思想和精神。引导学生用大美的眼光来欣赏地理，用和谐的理念来实践地理。让学生走进地理的历史长河，了解地理在各领域中发挥的作用，去追寻地理学家的足迹，经历地理探索的历程，体验地理中的理性、智慧和乐趣。当地理文化的魅力真正渗入教材、到达课堂、融入教学时，地理就会更加平易近人，地理教学就会通过文化层面让学生进一步理解地理、喜欢地理、热爱地理。

（撰稿者：韩晗 孟斌）

第二节

和谐地理：让人地协调之美融入心灵

合肥市第十七中学以"融美于心，致善于行"为校训，以"修美善品，成美慧人"为办学目标，学校全力推进学科课程群建设。目前，地理教研组共有教师7人，其中高级教师1人，教育硕士1人，合肥市骨干教师1人，蜀山区名师4人。组员中有担任教育部"一师一优课"部级优课评委、安徽省学业水平命题专家、合肥市高三模考命题专家，多人次在国家、省、市级比赛中获奖，参与国家、省、市级课题多项。教研组管理制度完善，组内教师师德高尚，团结进取，工作扎实，教研风气浓，协作意识强，教育教学等各项工作走在学校前列，2017年被评为合肥市优秀教研组。我们依据教育部《关于全面深化课程改革落实立德树人根本任务的意见》和《普通高中地理课程标准（2017年版）》等文件精神，推进我校地理学科课程群建设。

学科课程哲学　区域综合视角认识人与自然的和谐之美

地理学是研究自然地理环境和人类活动与自然地理环境相互关系的学科，兼有自然和社会双重性质，具有非常明显的综合性和区域性特征。用空间-区域和综合的地理视角认识人类活动和自然地理环境，是学生一生中必备的地理素养。"和谐地理"就是让学生学会用空间-区域和综合的地理视角去认识自然与人文地理环境，欣赏人地协调之美，懂得人类与自然地理环境和谐共生发展的道理，提高精神境界和生活品位，满足学生未来发展的需要。

一、学科性质

《普通高中地理课程标准（2017年版）》指出：地理学是研究地理环境以及人类活动与地理环境相互关系的科学，兼有非常明显的自然和社会双重特性，他在现代科学体系中占有非常重要的地位。地理学在解决当代人口、资源、环境和发展问题发挥其他学科无可替代的关键作用，同时，地理学在美丽中国建设和维护全球生态安全方面也发挥重要影响。[1]

1. 综合性。地理环境主要由大气圈、水圈、岩石圈、生物圈四大圈层构成，是地球表层各种自然要素、人文要素有机组合综合而形成的复杂系统，具有明显的综合性。

2. 区域性。地理学研究地理事物和地理现象的空间分布与结构，阐释地理事物和地理现象的空间差异与联系，并致力于揭示地理事物和地理现象的空间运动与演化的规律。

基于地理学学科性质，"和谐地理"秉承地理学的特点，以区域为基础，人地关系为主线，突出综合性和地理实践，引导学生关注祖国发展和生态环境建设，满足未来发展的需要。

二、学科课程理念

通过"和谐地理"的学习，学生形成人地协调观、综合思维、区域认知、地理实践力四大地理核心素养，学会用空间-区域、综合的地理视角认识和欣赏自然地理与人文地理环境，让学生深刻的理解并懂得人与自然和谐共生发展的道理，提高精神境界和生活品位，满足学生现在和未来发展的需要。"和谐地理"的内容反映地理学学科育人的本质，体现地理学的基本思想和方法。

1. "和谐地理"培养学生必备的价值观和意识。通过"和谐地理"的学习，让学生深入理解并最终懂得人类与自然和谐共生发展的道理，形成地理学科所必备的品格和核心价值观，最终形成自觉的用家国情怀和世界眼光关注家乡、地方、国家和全球的地理问题与地理现象以及可持续发展问题的

---

[1] 中华人民共和国教育部. 普通高中地理课程标准（2017年版）[S]. 北京：人民教育出版社，2017：1.

意识。

2. "和谐地理"构建是基于地理学科核心素养的核心课程。"和谐地理"围绕地理学科核心素养培养总体的要求，构建科学、合理、完整、功能互补和行之有效的课程体系，坚持基础性、实用性、多样性、选择性和发展性并重，满足不同学生自身发展的需要，精选利于地理学科核心素养培养的课程内容，力求做到科学性、理论性、实践性、综合性、发展性、前瞻性和时代性的统一，满足学生现在和未来发展的需要。

3. "和谐地理"培养是基于地理学科核心素养创新的学习方式。"和谐地理"根据学生在地理学科核心素养形成过程中所具有的特点，科学高效地设计地理教学过程，引导学生通过自主、合作和探究等学习方式，深入自然、社会真实情境中开展丰富多彩的考察、调查等地理活动，在地理活动中提升核心素养。"和谐地理"充分运用各种地理相关的现代技术为学生营造直观、实时、生动的地理学习环境。

4. "和谐地理"建立是基于地理学科核心素养发展的学习测评体系。"和谐地理"重视学生核心素养的测量与评价，以课程标准中学业质量标准要求为依据，准确理解和把握地理学科核心素养的水平等级，逐步发展为形成性测评与终结性测评相结合的科学学习测评体系，通过该评价体系科学测评学生的认知水平、能力水平和实践能力，全面真实客观地反映学生地理学科核心素养的真实发展状况。

学科课程目标　让人与自然和谐之美引领学生自觉行动

《普通高中地理课程标准（2017年版）》指出：高中地理课程的总目标是通过人地协调观、综合思维、区域认知和地理实践力等地理学科核心素养的培养，从地理学科育人的角度落实立德树人根本任务。[1] 课程标准从不同的维度，明确了高中生地理学科目标的要求，并为"和谐地理"课程的教育教学指明方向和道路。基于此，结合我校实际，形成我校"和谐地理"课程

---

[1] 中华人民共和国教育部. 普通高中地理课程标准（2017年版）[S]. 北京：人民教育出版社，2017：4.

目标。

一、学科课程总体目标

"和谐地理"课程从人地协调观、综合思维、区域认知和地理实践力四大方面落实地理学科核心素养目标。

1. 人地协调观。通过"和谐地理"课程的学习，学生能够正确看待人类活动对自然环境的改造和地理环境对人类活动反作用，深入分析人类活动和自然环境相互影响的方式、强度大小以及所产生的后果，理解人们对人地关系认识的阶段性表现并能够正确分析其原因，认同人与自然和谐共生对可持续发展具有重要意义，形成尊重自然与和谐发展的态度。

2. 综合思维。通过"和谐地理"课程的学习，学生能够形成用综合的地理角度认识地理事物和现象，具备较强地分析多个地理各要素之间相互作用关系的能力，并能在一定程度上解释地理事物和现象发生与发展的过程，从而比较全面地观察、分析和认识不同地方的地理环境特点，辩证地看待地理问题和地理现象。

3. 区域认知。通过"和谐地理"课程的学习，学生能够形成用空间—区域的地理视角认识地理事物和现象的意识，对地理事物和地理现象的空间格局、过程和机理具有较强的洞察力，并运用区域综合分析、区域比较、区域关联等区域分析的方法认识区域，形成评价区域现状和未来发展格局的能力。

4. 地理实践力。通过"和谐地理"课程的学习，学生能够运用所学知识和各种地理工具，在室内、室外、野外和社会等真实环境下，通过实验、考察、调查等手段获取地理信息，探索和尝试解决实际地理问题，形成地理活动策划、实施等行动能力。

二、学科课程年级目标

依据《普通高中地理课程标准（2017年版）》，结合教材、教参和我校实际情况，形成我校"和谐地理"的课程目标。下面，我们以高一年级上学期为例，说明学科课程的具体目标（见表1-2-1）。

表1-2-1　合肥市第十七中学"和谐地理"高一上学期课程目标表

单元	目标
第一单元	共同目标： 1. 能够借助图表、视频、动画等各种手段，说出地球所处的宇宙环境，说明太阳对地球的影响。 2. 能够借助示意图指出地球的圈层结构。 3. 用地质年代表等地质资料简要的说明地球演化的过程。 校本目标： 1. 学会制作太阳系和地球内部结构模型。 2. 利用科普论文向其他人介绍地球演化。
第二单元	共同目标： 1. 对照课本插图说出大气的组成并指出大气的垂直分层，能够解释常见的生产和生活中的大气现象。 2. 借助自己绘制或者课本中原有的示意图，说明大气受热过程，理解热力环流原理，并解释生产生活中常见的地理现象。 校本目标： 1. 能利用天气图解释天气现象。 2. 绘制大气受热过程与热力环流示意图。
第三单元	共同目标： 1. 绘制水循环简图，指出水循环的环节和类型，结合实例说出水循环的地理意义。 2. 运用图表等资料，说出海水性质和运动，结合实例分析海水性质和运动对人类活动的影响。 校本目标： 1. 绘制水循环示意图。 2. 能撰写海水运动相关的科普论文。
第四单元	共同目标： 通过各种方式认识3种以上的常见地貌。 校本目标： 通过旅游或者野外考察认识地貌。
第五单元	共同目标： 1. 结合实例分析土壤的形成影响因素。 2. 运用校内或野外考察，识别常见的植被类型，解释植被生长发育与自然地理环境的相互关系。 校本目标： 1. 通过考察认识土壤。 2. 通过考察认识植被。
第六单元	共同目标： 1. 解释生活常见自然灾害形成的原因，掌握应对自然灾害的方法和措施。 2. 应用地理信息技术探究自然地理问题和地理现象。 校本目标： 1. 掌握防灾减灾的尝试。 2. 学会操作地理系统软件。

学科课程框架　构建多元有趣并符合职业发展需要的和谐地理

"和谐地理"课程精选了学生必备的地理基础知识和基本技能，合理地融合国家、地方和校本课程，将选修和必修结合，满足全体学生的地理需求，普及地理基础知识，发展核心素养。同时在此基础上加深或者拓展，满足部分学生升学后继续深造地理相关专业发展的需要，构建多元、有趣、符合校情、学情并符合职业发展需要的和谐地理课程。

基于上述课程目标，为了满足不同学生的需求，实现培育核心素养，落实立德树人的根本任务，结合课程标准要求和我校校情，构建我校"和谐地理"系列课程。

一、学科课程结构

《普通高中地理课程标准（2017年版）》指出高中地理课程分为必修、选择性必修和选修三类课程。必修课程包括2个模块，选择性必修课程包括3个模块，选修课程包括9个模块。[①] 结合我校学科课程理念和校本课程，我们从和谐自然、和谐人文、和谐区域与和谐实践四大版块构建"和谐地理"课程体系（见图1-2-1）。

具体表述如下：

1. 和谐自然。自然地理是研究自然地理环境的格局、机理、功能、过程、演变及其空间分异规律的学科。自然地理环境会影响到人文环境，学习自然地理不仅有助于我们更好地认识自然地理环境，也有利于我们认识人文环境，为人地协调观的形成打下良好基础。和谐自然主要开设地球科学基础（地理1）、自然地理基础、天文学基础、环境保护、自然灾害与防治、海洋地理等自然地理课程。

2. 和谐人文。人文地理是研究各种人文现象发生和演变的一门社会科学。进行人文地理研究有利于我们科学地认识现实世界，使我们能更好地对

[①] 中华人民共和国教育部. 普通高中地理课程标准（2017年版）[S]. 北京：人民教育出版社，2017：6.

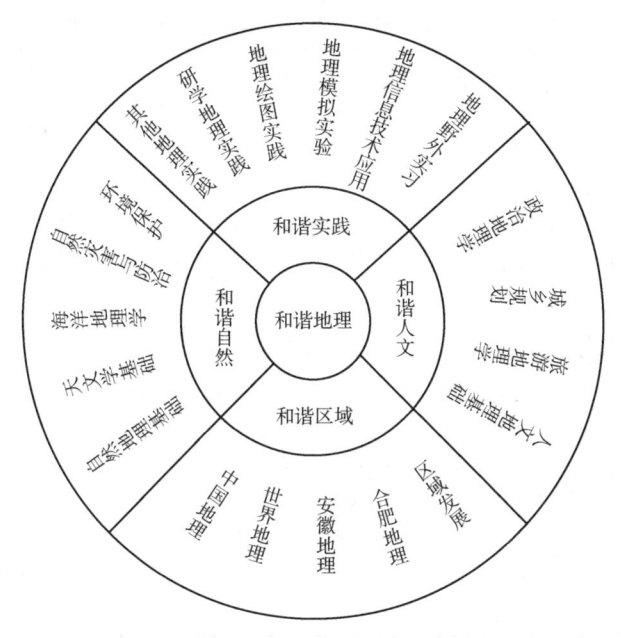

图 1-2-1　合肥市第十七中学"和谐地理"课程结构示意图

待人和环境，更好地协调人类活动与地理环境的关系。和谐人文主要开设人文地理基础（地理2）、资源、环境与国家安全、旅游地理学、城乡规划和政治地理学等人文课程。

3. 和谐区域。区域是人类认识自然地理环境的地理空间思维方式和能力。地理学将多种多样的地理环境划分成不同尺度和不同类型的区域，方便人类认识地理环境，这是人们认识地理环境复杂性的地理基本方法。区域的地理视角也有利于人们更好地分析和认识地理环境，以及它与人类活动的关系。和谐区域主要开设区域发展、中国地理、世界地理和乡土地理。

4. 和谐实践。地理学通过考察、实验、调查等研究方法去研究地理问题和地理现象，这是地理学重要的传统方法，是地理实践力的重要表现。和谐实践主要开设地理实验、地理野外考察、地理研学、地理绘图、地理信息系统等地理实践课程。

二、学科课程设置

"和谐地理"课程设置以年级为纵向，以学科课程为横向，除了基础类课程之外，我校开设了拓展类课程和研究类课程（见表1-2-2）。

表1-2-2 合肥市第十七中学"和谐地理"课程设置表

年级	学期	和谐自然	和谐人文	和谐区域	和谐实践
高一年级	上学期	地理1		世界地理	地理实验 地理野外考察
	下学期		地理2	中国地理	研学地理
高二年级	上学期	自然地理基础		安徽地理 合肥地理	地理实验
	下学期			区域发展	地理绘图实践
高三年级	上学期			资源、环境与国家安全	其他地理实践 （科普论文）、 （手抄报）
	下学期	天文学基础 海洋地理学 自然灾害与防治 环境保护 （任选一门）	旅游地理 城乡规划 政治地理学 （任选一门）		其他地理实践 （课题研究） （规划设计）

学科课程实施　在实践中培养学生必备品格和关键能力

　　高中地理课程从地理学科育人的角度出发，落实立德树人的根本任务，学科课程的实施与评价是实现地理课程目标的关键。通过和谐课堂、和谐环境、和谐实践、和谐社团及和谐研学等课程资源，帮助学生学会认知、学会思考、学会行动，在实践中培养学生必备品格和关键能力。我校课程实施策略如下：

一、打造"和谐课堂"，夯实课程基石

　　"和谐课堂"是我校地理学科的特色课堂，致力于引导学生在地理学习中学会认知、学会思考、学会行动，懂得人与自然和谐共生的道理，具备核心素养，落实立德树人的教育观。

（一）问题式教学策略

　　问题式教学是一种以问题引领整合相关学习内容的教学方式。问题式教学以"发现问题"和"解决问题"为主线，在解决问题的过程中，教师积极

引导学生用地理思维，构建与问题相关的知识结构体系，并且能够由表及里、层次清晰地分析问题，合理阐明自己的观点。

问题式课堂教学设计问题是基础，"和谐课堂"的问题设计要依托情境。选择的情境要贴近学生知识水平、生活实际和社会现实，使学生身临其境地理解情境，情景蕴含的问题要给学生提供探究的空间，情景问题要体现关联性。"和谐课堂"的问题链条设计也要科学，问题要逻辑清晰，符合学生的思维习惯，在课堂要时时调整。

（二）技术介入策略

"和谐地理"课程通过利用信息技术来助推教育教学变革，革新学生学习方式，变革教师教学行为，帮助学生享有公平而有质量的地理教育。"和谐地理"借助大数据、人工智能、"互联网+"、虚拟现实技术（VR）、增强现实技术（AR）等技术手段，改变教育教学评价方式，使评价更有针对性、即时性、互动性，更好地发挥评价对学生个体指导的作用。"和谐课堂"在进行基于信息技术和虚拟现实技术的教学时，努力尝试体现互联网学习的特点，恰当运用虚拟现实技术，尽量做到"因材施教"，同时又体现互联网技术的开放性。

（三）关注思维结构策略

学生思维发展是"和谐课堂"地理学习过程中的特别重要的环节。"和谐课堂"通过合理设置开放式问题，让学生在回答问题的过程中，让思维过程得以呈现，形成学习结果；"和谐课堂"设置结构化的评价方案，通过对学习结果的分层来判断学生思维发展状态；"和谐课堂"为教学中存在的问题给予个性化的和针对性的指导。

（四）关注表现策略

表现是指对学生在真实情境中完成某项任务或任务群时所表现出的文字、语言、实践能力和创造能力，也指对学生在具体的学习过程中，所表现出的学习态度、努力程度以及问题解决实际能力等。[①]"和谐课堂"重点关注学生应用知识、以及决策、交流、合作等能力。

---

① 中华人民共和国教育部. 普通高中地理课程标准（2017年版）[S]. 北京：人民教育出版社，2017：42.

二、构建"和谐环境",做好课程保障

地理教学环境是落实高中地理课程的重要保障,学校地理组高度重视校内外"和谐环境"的建设,保障课程顺利实施。

(一)加强校内地理教学资料、功能室等环境条件建设

学校地理组通过各种渠道收集与地理教学相关的资料,包括各种图书、教材、图表、地图等。注重开发针对性的地理教具,包括地理教学用的动植物和土壤标本、地理模型、地理教学图件开发,地理动画、地理视频以及地理教学器材等的配套建设。加强地理教师室、学校班级社团地理橱窗、地理园、小天文台、气象观站等方面的建设。

(二)加强地理实验、野外实践装备与设施的建设

配备专门适用于我校的"水、气、岩、土"标本的采集、测试工具、实验资源包(箱),制作实验手册、使用说明、课程案例、数据等文本或数字资源。

逐步配备了野外实践的基本工具,用以开展安全教育、野外生存课程,如测绘定位工具设备、GPS、传统罗盘、望远镜等,用于野外采挖、收集、储存、保存的工具,野外安全工具、设施装备及相关区域野外地图、等高线图、遥感图像。

(三)注重数字地理课程资源的开发与建设

数字课程资源可以生动形象且简明直观地把地理教学内容展现给学生,弥补纸制印刷品的不足,激发学生求知的欲望。要建设基本的教育教学数字化资源,就要逐步建设专门的地理学科数字化课程资源,如GIS、GPS、RS辅助教学系统、数字气象站平台系统、野外实践(水、土、气、岩)采集分析与显示系统等。

(四)重视地理实践基地的建设

与校外实践基地建立广泛联系。通过挂牌、共建、共同开发等措施进行实践基地的建设。校外实践基地包括地理野外实习基地、公共图书馆、天文馆、气象台、展览馆、科技馆、博物馆、少年宫、动物园、植物园、主题公园、以及有关政府部门、大专院校、科研单位、工厂、农村、自然环境等。

三、开展"和谐实践",激发地理学习兴趣

"和谐实践"是促进学生地理核心素养发展的重要手段,地理课程群必须将实践活动作为教学的基本方式。地理实践活动主要是指户外考察、社会调查、模拟实验三个方面。我校和谐实践课程就是通过地理实践培养学生的学习兴趣,使学生最终懂得人与自然和谐共生的道理,落实立德树人的根本任务。

(一)户外考察

通过设计符合校情和学情的户外实践活动,激发学生的学习兴趣,提升地理实践力,考察制定完善的活动方案和评价报告。考察活动过程中,充分调动学生参与的积极性,引导学生独立行动、独立思考、自主认知,及时准确记录学生在户外考察过程中观察、发现、质疑、探究问题等各方面的表现情况。

(二)社会调查

设计社会调查活动时,我们的选题贴近社会、生活,可操作性强。设计方案能提升学生自主能力和合作精神,在实施过程要督促学生落实行动、积极参与体验,注重过程性评价。活动结束后,及时督促完成调查报告撰写,搭建交流展示活动平台。

(三)模拟实验

设计能引导学生体验规范、完整的科学研究过程的地理模拟实验活动,实验方案设计要符合校情学情。实验过程中要给予学生监督指导,及时观察、记录学生的表现,对记录的数据进行科学的处理分析。最后撰写实验报告,对实验结果进行汇报交流,着重培养学生动手实践能力。

四、组织"和谐社团",彰显地理特色

学生社团是现代学校建设的重要资源,随着课程内容的不断拓展,学生社团已经成为发展学生自主管理的新型课程,是实施素质教育的重要内容。"和谐社团"让学生在喜闻乐见的生活情境中组织社团,通过开展地理绘图、地理观测、地理手抄报、地理科普论文、地理模型制作、地理规划设计和地理课题研究活动等地理特色活动,致力于引导学生在地理学习中学会认知、学会思考、学会行动,最终懂得人与自然和谐共生的道理,落实立德树人的

根本任务。①

（一）地图绘制社

在地图绘制方面，根据地理课程标准要求，高中生需要绘制的地图主要有世界气候类型分布图、世界洋流分布图、世界陆地自然带分布图、部分中国专题地图，为了培养学生绘制地图技能，也可以增加一些其他地图。

（二）地理观测社

在地理观测方面，根据课标要求并结合教学实际，我校开展的地理观测主要有：测量正午太阳高度、测量经纬度、天文观测、水质测量、土壤采集等。

（三）手抄报社

在手抄报方面，根据课标要求并结合教学实际，我校开展的手抄报主要有：介绍地球环境手抄报、环境保护手抄报、主题手抄报和展示海洋开发成果手抄报等。

（四）科普论文社

在科普论文方面，根据课标、教学需要以及学生未来的发展需要，确定了地球运动、环境保护等主题，还可以结合地理学科特点，让学生和教师自主确定科普文章的主题。

（五）模型制作社

在模型制作方面，根据课标要求并结合教学实际，高中地理模型实验主要有太阳系位置模式模型、太阳地球结构模型、三圈环流模型等，为了提高学生的地理模型制作能力，也可以制作与初中地理相关的模型。

（六）规划和课题研究社

在规划设计和课题研究方面，结合地理学科特点和所在地区的乡土特点，可以开展有针对性的和有地方特色的设计和研究。

五、开展"和谐研学"，提升综合能力

"和谐研学"是我校根据区域特点、学生年龄特点和地理学科教学内容需要开展的特色活动。"和谐研学"让学生走出学校，走向社会，在社会大舞台中提升意志品质和行动能力，学会用多样的地理视角认识和欣赏自然地理

---

① 王向东，袁孝亭．地理素养的核心构成和主要特点［J］．课程・教材・教法，2004，(12)：65.

和人文地理环境，最终懂得人与自然和谐共生发展的道理，从地理学科的角度落实立德树人的根本任务。

（一）"和谐研学"实施策略

"和谐研学"的一般程序是：首先，选定研学的地点，查阅相关资料了解考察地点的相关地理信息。其次，搜集将要考察地点的相关资料，设计研学的路线、观察的点位，确定考察的时间，准备考察装备。再次，进行野外研学实地考察，做好研学的记录。最后，返回学校后教师对研学结果进行总结分析，重点评价学生的信息意识、问题意识、认识地理环境、绘图能力、课题研究能力和展示交流的能力（见图1-2-2）。

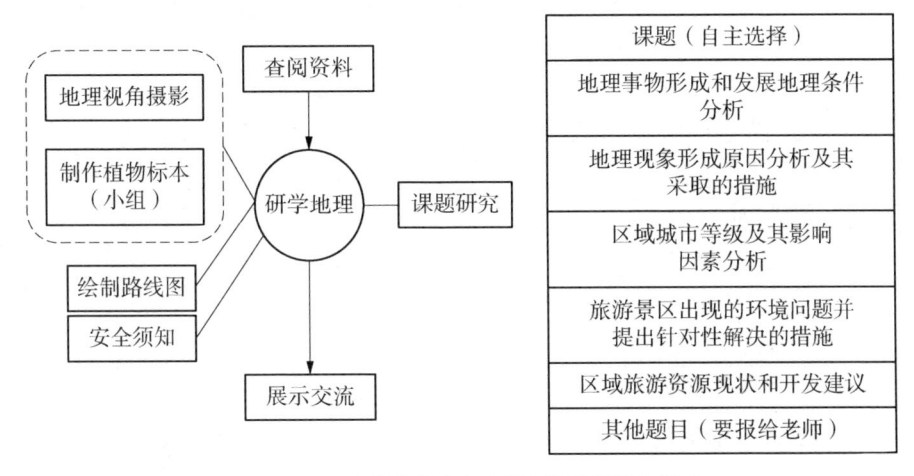

图1-2-2 合肥市第十七中学研学地理评价模式

（二）"和谐研学"的评价

"和谐研学"采用的评价量表，主要从问题和信息意识、地理工具的使用、设计和实施的能力、体验和反思的能力四个维度对学生研学中的表现进行综合评估（见表1-2-3）。

表1-2-3 合肥市第十七中学"和谐研学"测评表

姓名			
研学主题			
评价内容	自我评价	小组评价	教师评价
信息意识			

续 表

评价内容		自我评价	小组评价	教师评价
问题意识				
地理工具使用				
实施	参与态度			
	合作意识			
	安全意识			
	认识地理事物的能力			
	科研能力			
	研学报告			
	展示交流			
体验与反思	体验			
	实事求是			
	勇气和方法			
水平（教师评价）		水平1（　　）	水平2（　　）	水平3（　　）
评语	自己评语：			
	小组评语：			
	教师评语：			

总之，"和谐地理"应反映地理学的本质，体现地理学的基本思想和方法，以"人地协调"为主线，旨在使学生具备地理学科核心素养，具备用多样的地理视角看待人与自然的能力，懂得人与自然和谐共生发展的道理，提升学生的精神境界和生活品位，从地理学科育人角度落实立德树人根本任务，最终让人地协调之美深入学生的心灵。

（撰稿者：张波）

第二章

目标与素养的联结

课程目标是教育目标的下位概念，是可量化、可执行的目标框架，主要包括品德、智力、体质等维度，即当学生通过某一教育阶段的课程学习后，在上述几个维度预期所取得的提升成效。着眼于学生的素养的提升与培养的课程目标，是学生素养的具体化。在设计阶段，需要将目标分解为具体要素，落实落细宏观育人目标的要求。把握课程目标和学生素养之间的内在联结，使两者之间步调一致，更好地培养全面发展的人。

雅斯贝尔斯指出教育不仅是理性知识的堆积，更应是人类灵魂的教育。[1] 在全球化竞争与发展的大环境下，不断涌现新的颠覆性、革命性技术，其中人才资源是推动技术创新、推动社会进步最为关键的战略性资源。值此之际，对人才的培养、对教育质量的要求也越来越高。

2014年教育部研制印发《关于全面深化课程改革落实立德树人根本任务的意见》，提出组织研究各学段的学生发展核心素养体系，明确学生应具备的必备品格和关键能力，以匹配终身发展和社会发展的需要。[2] 研究学生发展核心素养，既是教育改革发展趋势的迫切需要，也是落实立德树人根本任务的重要举措。

学科核心素养是培育学生价值的集中体现。学生的学科核心素养并非是先天性的，而是由后天教育的引导、培育形成的，因此，有必要通过行之有效且有针对性的科学教育方法培养学生的学科核心素养。

课程目标是教育目标的下位概念，是可量化、可执行的目标框架，主要包括品德、智力、体质等维度，即当学生通过某一教育阶段的课程学习后，在上述几个维度预期所取得的提升成效。在明确课程目标的基础上，才可针对性地制定课程内容及相应的教学方法。要避免目标变成不可落地的口号。

学生核心素养的培育如何在课程目标中落实？目标与素养之间如何联结？个人认为，课程目标应是素养的具象体现，要落实落细对育人目标的要求。

语文课程的核心目标是培养学生的语文学科核心素养。什么是语文学科核心素养？《义务教育语文课程标准（2011年版）》指出语文素养既是学生学好其他课程的基础，也是学生全面发展和终身发展的基础。[3] 由此可见语文学科核心素养具有基础性和重要性。学生的语文素养由语文能力、语文知识、学习方法和习惯以及人文素养等因素构成，贯穿于整个语文教学过程，从小学开始，延伸至大学甚至于终身的语文学习活动中。

"本真语文"和"本色语文"两大语文课程目标体系都致力于培育提升

---

[1] 雅斯贝尔斯. 什么是教育（节选）[J]. 教育观察（中下旬刊），2013，2（04）：83—84.
[2]《关于全面深化课程改革落实立德树人根本任务的意见》节选[J]. 教育科学论坛，2017（20）：3—5.
[3] 马琳. 2011年版和2001年版义务教育语文课程标准比较研究[D]. 扬州：扬州大学，2013.

学生语文学科核心素养，从听、说、读、写、识等方面促进学生能力的培育和提升，同时通过潜移默化、润物无声的方式灌输人文素养方面的品格，以期在品德、修养、审美、情趣等方面发展学生综合的多维品质，通过在教学育人过程中的耳濡目染、言传身教，促进学生养成优良的个性和健全的人格，最终助力学生德智体美多维全面发展。

"本真语文"和"本色语文"两大语文课程目标体系都致力于构建以语文学科核心素养为主导的语文课程目标，遵循语文教学的基本规律，让学生在品词析句中体会语言的感染、熏陶和激励，思维和情感产生强烈碰撞。

"本真语文"和"本色语文"两大语文课程目标体系都致力于培育创新语文学科核心素养的学习方式。不拘泥于灌输知识的任务式要求，探索每个学生独特的内心世界，了解其内在思想和认知，引导其对客观世界的探知，激发其求知欲，使两大语文体系呈现的内容和过程契合具体的课程目标。能够真正实现平等对话，教师认真地倾听学生个性化的见解，倾听学生独特的思维过程，在轻松、自由的环境中引导学生主动地探索、体验。

"本真语文"和"本色语文"两大语文课程目标体系致力于建立基于语文学科核心素养发展的学习评价体系。融合过程性、个性化、多元性、激励性等多维要素，形成科学的、系统的学习评价体系，全面客观反映语文学科核心素养的真实状况，积极发挥评价的引领作用，发展学生个性，促进学生全面发展。

总之，我们将"本真语文"和"本色语文"作为学科核心课程理念和价值追求，旨在注重学习身边的语文知识，开展本真教学和本色教学，丰富课程形式，拓展语文学科的广袤外延，让学生在缤纷的语文世界里，感悟语文学习的奥妙。

（撰稿人：王晓芳　刘建）

第一节

本真语文：回归语文本色教育

合肥市金湖小学语文组现有教师 41 人，有中小学一级教师 13 人，中小学二级教师 28 人，有市级骨干教师 2 人，区级骨干教师 2 人，蜀山区名师 2 人。为提升语文学科课程品质，我们依据教育部《关于全面深化课程改革落实立德树人根本任务的意见》《义务教育语文课程标准（2011 年版）》等文件精神，推进本校的语文学科课程建设。

学科课程哲学　追本溯源返璞归真的语文

本真语文课程的核心价值是在学习和运用祖国的语言文字过程中，培养学生掌握听说读写能力，提升学生的学识修养和人格修养，丰富学生的内心世界。在学习运用祖国语言文字的过程中净化语文课堂教学，引导学生发现语文自身的魅力，以纯净的语文课堂教育滋润学生自然生长，激励学生自信成长，引导学生自由生长，最终实现学生的自我价值。

一、学科性质

《义务教育语文课程标准（2011 年版）》（以下简称《课标》）指出："语文课程是一门学习语言文字运用的综合性实践性课程。义务教育阶段的语文课程应使学生初步学会运用祖国语言文字进行交流沟通，吸收古今中外优秀文化，提高思想文化修养，促进自身精神成长。工具性与人文性的统一是其基本特点①。"

基于这种认识，我们认为本真语文课程的核心价值是学习祖国的语言文字的运用，培养学生掌握听说读写能力，丰富学生的内在基本修养，建立健全人格，丰富学生的内心世界。回归语文的本色教育，让语文学习真实地发生在学生身上，展开自在思想，自由表达，自然体验，让每一个学生都在语文的魅力中成长！

二、学科课程理念

依据义务教育语文课程标准的文件精神，结合我校语文学科的教学活动，提出我校语文学科的核心理念为"本真语文"，即"以学生为本，追求语文本身的魅力，让文学充盈着本色的生活世界"。

"本真语文"是"追本溯源"的语文。语文课程是开发学习资源、开展学习实践、净化语文课堂的教学活动，是引导学生发现语文自身的魅力并学习运用语言文字的课程。以纯净的语文课堂滋润学生自然生长，激励学生自信生长，引导学生自由生长，最终实现学生的自我价值。

"本真语文"是"质朴还淳"的语文。我们遵循语文教学的基本规律，引导学生品词析句感悟文字语言的魅力，在文学作品的语言情景中受到感染、熏陶和激励，从而带着高昂的情绪进行想象和思考，在思维交流和情感碰撞中感悟文学作品中人物的独特个性、美好的情操，以及作者深邃的思想。

"本真语文"摒弃直接灌输知识的传统教学，唤醒学生内在的求知欲，引导学生充分思考与大胆提出见解，重视学生乐于亲自尝试、勇于动手、自觉发现客观事物之间的联系，使教学内容的呈现与教学过程的发展能够顺其自然。

"本真语文"要求师生之间真正实现平等对话，教师充分尊重学生学习的主体性，认真地倾听学生的心声，了解学生具有个性化的思想，掌握学生独特的思维过程，树立学生自信心，启发学生自觉探索和体验的勇气。

---

① 中华人民共和国教育部. 义务教育语文课程标准（2011年版）[S]. 北京：北京师范大学出版社，2012：1.

基于此，我们将"本真语文"作为学科课程理念和价值追求，旨在注重身边的语文知识，开展本真教学，丰富课程形式，让学生通过提升的品质课堂教学，来提升语文阅读能力、写作能力，拓展语文学科的广袤外延，让学生的内心生活世界充盈文学知识。

学科课程目标　让学生感受语文本色之美

语文课程目标是指在语文学科教育教学中传授学生语文基础知识、语文学习技巧，培养学生语文素养、人文素养、科学精神和合作意识。不同学段有不同的目标，旨在根据学生的自身特点提出不同的要求。"本真语文"着眼于"以学生的发展为本，以学生的学为主"，在课堂教学中要求做到"精讲精练、少讲多练、边讲边练、当堂训练""以学定教"。依据"本真语文"教学理念制定出我校的语文学科课程总目标和年级目标。

一、学科课程总目标

义务教育语文课程标准要求学生掌握常用汉字，能正确、工整、美观地书写汉字；运用多种阅读方法独立阅读；能清楚明白地表达自己的所见、所闻、所感；能熟练运用所学的语文知识与人交流；能熟练使用语文工具书识字，培养学生热爱祖国语言，喜爱语文，形成正确的人生观和价值观，拥有一定的审美情趣。我校"本真语文"课程目标能使学生听、说、读、写、识等方面的能力以及人文素养获得更大的发展，提高学生审美情趣，促使学生养成良好的行为习惯和逐渐养成健全的人格，使学生各方面得到和谐发展。

二、学科课程年级目标

根据《课标》的要求，结合我校语文学科课程总目标和一至六年级的学情，我们将"本真语文"课程目标分年级分学期分单元细化。下面，我们以小学语文二年级上册课程目标为例（见表2-1-1）。

表 2-1-1　合肥市金湖小学"本真语文"二年级上册课程目标表

单元	目　　标
第一单元	共同目标： 1. 掌握生字，理解文中重点词语意义，学习3个多音字。 2. 联系生活并交流喜欢的动物，说一说它的特点。 3. 学会介绍并简单描写一个小动物的样子。 校本目标： 1. 引导反复诵读、在交流中理解课文，养成热爱阅读的习惯并有自主阅读的意识。 2. 感受大自然的奇妙并喜欢探索大自然中所蕴含的道理。
第二单元	共同目标： 1. 会认生字，会写词语，掌握3个多音字。 2. 学会部首查字法，有主动识字的意愿和能力。 3. 培养学生善于观察生活的能力，学会将观察到的东西写下来、写清楚，如描写某个季节。 4. 培养学生对儿歌的兴趣，收集儿歌，说一说儿歌的内容。 校本目标： 1. 多种形式朗读课文并感受儿歌的韵律和趣味。 2. 喜欢读儿歌并学会积累儿歌。
第三单元	共同目标： 1. 会认生字，会写词语，掌握三个多音字，提高自主识字的能力。 2. 读通读顺课文，理解课文。 3. 介绍自己喜欢的玩具，学习描写一种玩具的方法。 4. 通过课文阅读，提高学生的口语表达能力，感受人物美好的情感。 校本目标： 以"读"为主来组织教学，把握单元重点，让学生在自主、合作、探究的学习中识字、明理，激发学习兴趣。
第四单元	共同目标： 1. 掌握生字，会写词语，掌握四个多音字。 2. 熟读课文，感受文中的美丽景色。 3. 学习描写景物。 4. 引导学生表达对祖国山河的热爱、学写留言条。 校本目标： 1. 以课文为例学习描写景物。 2. 感受祖国山河的美丽，热爱大自然。
第五单元	共同目标： 1. 会写生字，理解词语，掌握多音字3个多音字。 2. 学会分角色朗读课文，复述故事。 3. 引导学生学写小故事。 4. 对故事感兴趣，大胆交流，学会商量。 5. 感受并领悟故事中哲理。 校本目标： 1. 学会懂得谦虚谨慎，善于听取他人建议。 2. 拓展课外知识，加强师生、生生之间互动，喜欢读故事。

单元	目　标
第六单元	共同目标： 1. 学习生字新词，掌握三个多音字。 2. 学习记录故事的主要内容。 3. 学会看图讲故事。 4. 激发对伟人的敬爱之情。 校本目标： 1. 理清文脉，用自己的话说一说故事的大概内容。 2. 感受并学习伟人的美好品质。
第七单元	共同目标： 1. 会写生字，理解词义，掌握3个多音字。 2. 学习默读。 3. 学习看图写话。 4. 在想象中说话、体会、续编故事。 校本目标： 1. 理解课文主要内容，热爱大自然。 2. 想象并感受文中描写的景和物，理解课文和把握主题。
第八单元	共同目标： 1. 掌握生字，理解词语，学会3个多音字。 2. 多种形式朗读课文，概括课文主要内容。 3. 学习并运用课文学到的词语写话。 4. 引导学生在学习和交流中领悟道理。 校本目标： 1. 喜欢故事。 2. 感悟故事的哲理，学会明辨是非，懂得为人处世的基本道理。

学科课程框架　建构纯净自然的语文情境

我校"本真语文"课程分为基础性课程和拓展性课程。基础性课程主要传授学生终身发展所需和适应未来社会所需的基础知识；拓展性课程是依托于语文学科课程框架，设置了既符合学校语文学科特色发展，又能够兼顾学生个性化需要的"本真语文"教学实施策略。基于此，我校"本真语文"学科课程框架为：

一、学科课程结构

"本真语文"结构框架是课程体系的骨架，包含各部分的配合和组织，它是课程体系的骨架。我校的基础课程，语文学科课程主要分为"本真识写""本真阅读""本真习作""本真交际""本真实践"五大类别,构建课程体系(见图2-1-1)。

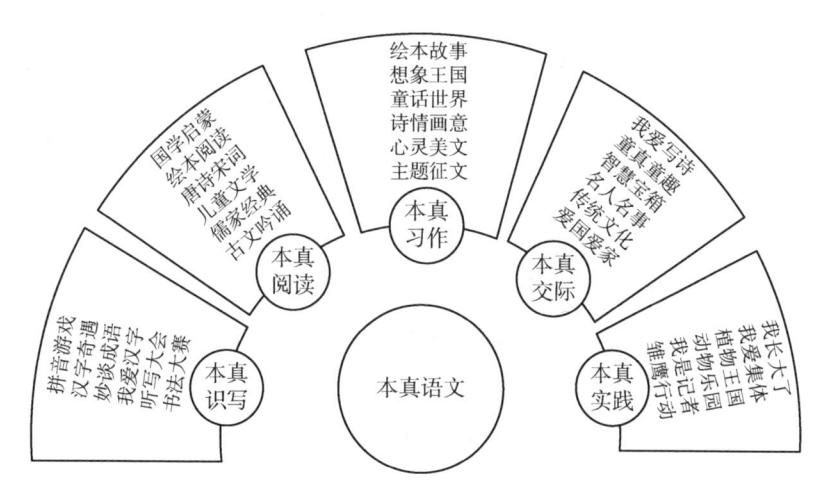

图2-1-1 合肥市金湖小学"本真语文"课程结构示意图

具体表述如下:

1. 本真识写:它是落实小学各年级识字、写字任务的内容并贯穿整个义务教育发展阶段,是阅读教学、口语教学、习作教学的基础,是语文学习最重要的学习内容之一。识字与写字重在激发学生识字写字的兴趣,了解汉字的历史,引导学生正确地、规范地书写汉字,体会汉字的博大精深,激发学生热爱祖国的语言文字。

2. 本真阅读:它是落实以引导学生利用语言文字,获取信息、积累言语、增长见闻、认识世界为主题的活动。阅读类的课程提供丰富的文本,使学生理解、领悟文字带给心灵的触动。通过大量阅读培养良好的语感,积累词汇,掌握阅读技巧,形成独立阅读的能力,养成良好的阅读习惯和兴趣,从而加强学生感悟文学作品的能力,探索在语文课堂教学中引导学生通过品词析句的方式,品味文字语言魅力的能力。

3. 本真习作:它是以书面表达为主的语文学习。我们以丰富多彩的习作学习方式开启学生的文学创作之旅。习作课程引导学生自主观察、关注学生内心感受,注重学生言为心声,激发学生写作的欲望。

4. 本真交际:它是将语文灵活地运用于生活的重要载体,是听与说的综合运用。让学生在互动交流中训练交际能力。

5. 本真实践：它是将语文学习与语文实践活动相结合，使学生敢于把语文知识熟练完美地运用到生活的方方面面，敢于合作、乐于分享、积极进取，具备收集信息和处理信息的能力，能独立发现问题、合理解决问题。

二、学科课程设置

我们遵循语文教育教学和学生认识发展及成长的规律，稳步推进并逐步完善"本真"课程设置，让语文学习回归本真。我们设置"本真"课程从学情出发，依托教材，以人为本，积极引导学生研读文本，感悟内容，让语文教学回归本真。除了依照部编教材一到六年级课程之外，我校还开设了以下课程（见表2-1-2）。

表2-1-2 合肥市金湖小学"本真语文"课程设置表

年级	课程	本真识写		本真阅读	本真习作	本真交际	本真实践
一年级	上学期	拼音游戏	拼音开花	国学启蒙	三字经	绘本故事	我爱写诗	我长大了
	下学期		生字开花		弟子规	绘本故事	我爱写诗	我长大了
二年级	上学期	汉字奇遇	趣味识字	绘本阅读	国内绘本	想象王国	童真童趣	我爱集体
	下学期		猜字游戏		国外绘本	想象王国	童真童趣	我爱集体
三年级	上学期	妙谈成语	成语接龙	唐诗宋词	我爱唐诗	童话世界	智慧宝箱	植物王国
	下学期		成语擂台		我爱宋词	童话世界	智慧宝箱	植物王国
四年级	上学期	我爱汉字		儿童文学	国外经典	诗情画意	名人名事	动物王国
	下学期	我爱汉字			国内经典	诗情画意	名人名事	动物王国
五年级	上学期	听写大会		儒家经典	孝经	心灵美文	传统文化	我是记者
	下学期	听写大会			论语	心灵美文	传统文化	我是记者
六年级	上学期	书法大赛		古文吟诵	我爱古文（上）	主题征文	爱国爱家	雏鹰活动
	下学期	书法大赛			我爱古文（下）	主题征文	爱国爱家	雏鹰活动

学科课程实施　发现语文之美的学习过程

"本真"课程要从学情出发，要求我校语文教师做到"精讲精练、少讲多练、边讲边练、当堂训练""以学定教"，这样的语文教学才能回归本真。故此在基础类语文课程之上嵌入"我爱识字"、"经典阅读"、"习作之旅"、"快乐交际"、"语文生活"五个主题，即逐步培养学生的阅读、思考、交际和表达等能力，丰富学生的语文素养，力求在学生内心根植热爱语文的种子。通过课堂教学、课外阅读等方式的实施来发展学生的思维，提升学生的学习能力，落实语文课程目标，体现语文学科"本真教育"的课程理念。

一、打造"本真语文"课堂，推进语文学科课程实施

（一）"本真课堂"的基本要求

本真课堂是基于"本真"教育理念下的课堂主张。以培养学生专注听讲、主动学习、善于思考、大胆质疑、活动持久的学习品质和良好的学习习惯为根本目标，以尊重学生天性、激发学生内心求知欲为起点和依据，坚持"课堂教学真实、教学态度真诚、学生身心真发展"的教学原则。追求真实、朴实、扎实的课堂本色和简约、灵动、高效的课堂情境。我们要把学生培养成为灵动、多彩、阳光的少年。

我们认为本真的语文课堂，最终呈现出来的特点是：去伪存真、删繁就简、清净朴实、充满勃勃生机的语文教育。

（二）"本真课堂"的推进策略

1. "本真课堂"的推进要求加强理论与知识技能的学习，更新教学理念，促进教师专业化成长，鼓励有经验的老教师对青年教师传授教学经验、带班理念、管理方法，帮助青年教师快速过渡完成角色转换，言传身教帮助青年教师提高工作积极性和增强其集体归属感，充分利用校本资源鼓励教师团结协作，人人争先，加强教师之间的情感与业务交流，使教师能够以研督教，以教促研，在合作与交流中快速成长。

在师徒结队活动中，要求师傅热情主动、严肃认真、以身作则为徒弟树立榜样，并能根据徒弟自身特点制定个性化培养指导方案，指导徒弟制定为

期一年的成长计划。向徒弟传授教学经验，提供教学信息，推荐学习书刊，精心指导徒弟备好课。每学期至少听徒弟的八节课，并按照我校"本真语文课堂教学理念"，给予评析、分析、指导、点拨，提高其课堂教学技能。每学期至少为徒弟上四节以上示范课，并为徒弟梳理教学设计理念、教学过程和注意事项，理性评价自己授课的优缺点。鼓励和指导徒弟参加教学竞赛。指导徒弟撰写教学随笔、教学反思、教育教学论文。

在师徒结队活动中，要求徒弟要做到"三学"：学理念——更新教育教学理念，学习师傅先进的教学理念；学方法——学习并思考师傅的教育教学方法和班级管理妙招，结合自身特点，取长补短，提高教育教学技能；学为人——学习师傅为人处世的方法，快速融入学校集体大家庭。在师傅的指导下，确立提高自己的成长目标。徒弟主动向师傅请教教育教学困惑，主动去听师傅的常态课和公开课，认真记录，写体会，与师傅交流听课心得体会。每学期在师傅的指导下至少撰写教学随笔、教学反思、教学案例各一篇。积极参加各类教学竞赛活动。学期末撰写一篇师徒结队小结，畅谈自己的收获和今后的努力方向。

2. "本真课堂"的推进要求打造一批校级语文学科骨干教师，上好一堂骨干教师示范课。上课教师课前要在年级组开展本年级组集体备课、磨课，充分听取本年级组教师的建议并认真修改，力求展示课流畅成熟，集体备课要有说课稿、教学设计、评课记录，教师听课时要认真填写课堂教学实效评价表并于课后积极参与议课、评课，活动结束后做出总结。

3. "本真课堂"的推进要求开展小组结队、合作学习，培养"自主、探究、合作"的阳光少年群体。激励学生能够主动发现问题、思考解决问题方法，主动寻求他人帮助，共同进步，从而使不同层次的学生在合作互助的小组中得到发展。

（三）"本真课堂"的评价

表 2-1-3　合肥市金湖小学"本真课堂"教学评价表（教师）

授课教师		班级		授课时间	
课题名称				课题	

续表

评价内容	评价指标	权重	得分
教学目标（灵动）	课堂氛围融洽，教学环境平等、民主，师生关系和谐。备课充分，敢于取舍，设计精巧。	10	
教学过程（扎实）	符合"本真课堂"教学流程，关注生成，关注学生独立思考，给学生充分发言时间和空间。课堂学习常规训练到位。坐姿端正、思维活跃、声音响亮、语言流畅。教学手段多样且行之有效，学生参与度高。	40	
教学内容（丰富）	教学环节流畅，逻辑明确，课堂训练扎实有效。能因地制宜地合理开发和利用教学资源，教学方法具有启发性，符合学生的认知特点和教学规律，课堂的参与度高，教学理念新颖。	20	
教师表现	教态自然，语言幽默有吸引力。善于驾驭课堂，善于诱导激发学生学习热情，应用教学资源能力强。	20	
教学效果	课堂训练扎实，效果明显。学生掌握语言知识明晰。学生学习兴趣高、积极主动。学有所得。	10	
总评			

表2-1-4　合肥市金湖小学"本真课堂"学习评价表（学生）

序号	评价要点	自评 A	自评 B	自评 C	组评 A	组评 B	组评 C	师综合评
1	明确学习目标与任务							
2	学会课前预习，提出思考点、梳理要点							
3	从语言学习的角度加深对课程知识和方法的理解							
4	掌握听、说、读、写等基本技能							
5	善于合作，有合作学习的愿望							
6	在合作学习中感觉愉快，在小组中起到骨干作用							
7	在小组学习中善于总结、归纳和反思							
8	能主动请教他人并帮助他人							
9	在小组学习中能提出不同见解并勇于修正自己的观点							
10	自觉复习，独立完成作业							

续表

序号	评价要点	自评 A	自评 B	自评 C	组评 A	组评 B	组评 C	师综合评
11	能运用学过的知识解决生活中的问题							
12	勇于克服困难，有强烈的求知欲							

二、设立"本真悦读节"，激发学生学习语文兴趣

读书是一种对话，交换智慧抒发情感。读书是一种远航，探索未知亲近生命。读书是一种感悟，享受生活发现美好。为营造浓郁的书香氛围，让每一位师生都爱上读书，学会读书，从而使阅读成为一种习惯，让书籍成为学生生命中的最美的阳光，让快乐阅读渗透到每一个学生的心中，我校设立"本真悦读节"。

（一）"本真悦读节"的实施操作

开展本真语文读书节活动，营造桃李芬芳、琴瑟和鸣、阳光灵动的校园文化氛围。培养学生热爱读书，快乐悦读的好习惯。活动内容包括：讲一讲：把书中的故事讲给身边的人听；读一读：走进名人传记，与伟人对话；静一静：在静阅读的时间里，开始静静地阅读；做一做：根据学生的阅读书目，做成读书卡；推一推：好书推荐，我来推。

（二）"本真悦读节"的评价要求

"悦读节"的评价内容包括以下两个标准：一是课程目标的达成度。课程目标应准确，清晰。二是课程实施的有效性。课程实施不流于形式且内容丰富多彩，有利于提高学生的兴趣。和学生的实际生活充分相结合，提升教育意义。

1. "书香班级"评选：制定一个"书香班级创建学生读书计划"并在班级张贴。建立一个"班级图书角"，"图书角"内的藏书量是每位学生至少储存四本书。提供一定的阅读时间，班级规定有晨诵和午读的时间，晨诵不少于20分钟，午读不少于15分钟。建立符合班级特色的借阅制度，让图书漂流起来，借阅有序，爱护书籍，自觉保护书籍，确保图书在漂流过程中无损、干净、完整。班级里有深厚的读书氛围，学生有主动阅读的好习惯。上

好一节系列导读课，每学期由语文教师提供 2 篇优秀导读课例，班级读书氛围较好。有明确的班级阅读评比标准且长期评比，树立榜样。

2. "书香家庭"评选：家庭阅读氛围浓郁，有良好的阅读氛围，家长关心孩子教育，认同"分享阅读"理念，支持、关注并主动参与"书香校园"的活动。家长能坚持教育并引导孩子多读书、读好书，长期稳定地坚持进行形式多样的家庭读书活动，并开展个性鲜明的亲子阅读。家长能够及时关注班级情况，提出好的建议。家中备有一定数量的适合孩子阅读的课外书籍。

3. "读书好少年"评选：热爱读书，阅读有计划、有目标、能主动进行大量广泛的阅读，在读书活动中有突出表现。珍爱图书，在读书活动中有典型事迹。在同学中有一定的声望，师生评议效果好。

4. 教师读书人物评选：教师自主发展意识强，热爱读书，有计划地促进专业成长，形成良好的读书习惯，大量阅读各种杂志、报刊、书籍等。教师有良好的记录读书笔记的习惯，随时记录自己感兴趣的段落。积极参加学校举行的读书交流活动，将读书感受介绍给其他教师，激发他人阅读的兴趣。积极参加各种征文活动，并发表在各大报纸上。

三、成立"本真社团"，享受语文学习的快乐

"本真社团"是致力于打造学生喜闻乐见的语文学习社团，为学校校园文化建设提升层次、构建舞台、凝聚力量、榜样示范，进而打造学校的品牌形象。

（一）"本真社团"的类别与实施

"本真社团"建设以"学生们的语文兴趣"为主导，通过培养学生文学学习的兴趣爱好，以发展个性表达与兴趣特长为抓手，为学生提供展现兴趣与技能的广阔舞台，展现自己、发展自己、成长自己。

（二）"本真社团"的要求

1. 规范的团队建设。小社团由学校牵头并组织兴趣爱好相同的学生组成。

2. 规范的活动章程。"本真社团"要求有规范的活动计划、活动展示照片、活动记录、总结、评价。评价主要是形成性评价，以激励评价为主（见表 2-1-5）。

表2-1-5 合肥市金湖小学"本真社团"评价表（学生）

社团名称	评价内容	个人自评 A	个人自评 B	个人自评 C	家长助评 A	家长助评 B	家长助评 C	教师综合评
课本剧社团	1. 源自课本、主题鲜明、结构完整、情节流畅、创造性发展剧情。 2. 人物性格突出、情感饱满、表演自然大方，细节刻画生动，动作到位。 3. 普通话标准，语言流利。							
小记者社团	1. 积极主动参加学校组织的各项大型活动并撰写新闻稿。 2. 深入班级和学生进行采访、调查。 3. 关注社会，发现新闻。 4. 不定期的组织写作、新闻采访活动。							
书法社团	1. 热爱书法，态度端正。 2. 遵守纪律，上课不做小动作、不交头接耳、认真听课。 3. 积极参与社团活动，能根据要求及时提交作品。							
经典诵读社团	1. 表演能与朗诵融为一体，能通过神态、语态的变化反映作品的内涵。 2. 精神饱满昂扬，充分展示活力与朝气，肢体语言动作丰富协调。 3. 朗诵形式富有变化、创意。							
小作家社团	1. 完成学校各部门交办的临时任务。 2. 积极开展社会实践活动，形成良好的社会形象。 3. 参加各种活动或比赛及学校的征文活动。 4. 在刊物、广播电台、网站等媒体投稿，校级每学期三篇、区级两篇、市级一篇。							
黄梅戏社团	1. 对学习黄梅戏有浓厚的兴趣。 2. 学习经典唱段的演唱、念白及身段，初步的了解黄梅戏里的唱、念和做。 3. 了解黄梅戏，逐渐形成传承传统文化的意识。							

续 表

社团名称	评价内容	个人自评 A	B	C	家长助评 A	B	C	教师综合评
主持与表演社团	1. 有良好的口头表达能力，克服怯懦、害羞、紧张等情绪，提高朗诵水平和掌握主持能力。 2. 提高在实际交流环境中敢于说话和主动与人交流等多方面综合素质。 3. 大方开朗的交流，语言流畅、表达清晰明白。 4. 积极参与校内各级活动中的主持表演任务。							
红领巾广播站	1. 字音、词汇、语法、语流准确。 2. 语气、语调、节奏恰当，能准确地说好普通话，字正腔圆。 3. 做事认真，积极主动，稿件内容精炼。 4. 所选的播音题材思想内容积极向上。 5. 形式丰富多彩，有创意、新颖。							

总之，"本真语文"体现了对中华传统文化的认同感和自豪感。中国拥有数千年的文化传承，伟大而古老的中国文化影响着人们生活的方方面面，孔子的《论语》教会我们为人处事的方法。《唐诗》《宋词》让我们体会到语言的魅力，让我们感受到古人的家国情怀。是回归本真的语文，要求教师遵循语文教学的基本规律，倾听学生的内心想法，营造一种自由、轻松的学习环境。"本真语文"是内心情感的一种表达，强调重视学生"心向"的指引，这是一种自觉、自我的情感表达，它使得学习者能积极主动地在新旧知识之间进行建构。

（撰稿者：刘建　李婷　马明明　李长梅　马慧　王妹　周会芳　李惠敏　朱俊男）

第二节

本色语文：挖掘语文丰富内涵

合肥市黄山路小学语文组，现有教师 31 人，其中高级教师 1 人，一级教师 20 人。有合肥市骨干教师 2 人，区骨干教师 1 人。该教研组曾被评为"合肥市巾帼英雄岗"，多人多次在省、市、区各级优质课、基本功大赛中获奖。我校语文教研组是个团结协作的团队，丰富多彩的教研活动已形成自己的特色，语文课堂教学深受学生喜爱。我们以教育部《关于全面深化课程改革落实立德树人根本任务的意见》《义务教育语文课程标准（2011 年版）》（以下简称《课标》）等文件为建设依据，结合我校实际情况，积极推进"本色语文"学科课程建设。

学科课程哲学　让语文学习真实自然

小学语文的学科价值是什么？不弄清这个问题，就不能很好地界定语文学科与其他学科的区别，课程的规划和实施也就成了无本之木、无源之水。因此，我们首先要厘清小学语文学科的学科性质和课程理念。

一、学科性质

《课标》指出语文课程应致力于培养学生的语言文字运用能力，提升其综合素养，培育学好其他课程的基础能力，为学生形成正确的三观、良好的个性和健全的人格，最终实现全面发展和终身发展打下坚实的基础[1]。

基于以上论述，我们认为，小学语文课程的核心价值是：通过学习和运用祖国的语言文字，引领学生体味语文的本真，绽放学生最美好的生命状态，全面提升学生的语文素养。

二、学科课程理念

依据《课标》文件精神，立足小学阶段学生身心发展特点，并结合我校实际情况，我们提出建设"本色语文"的特色学科课程理念。

"本色语文"，"本"即为"本真"。坚持语文的本真，尊重学生的真实发展的特点。本真的语文教学是师生与文本对话的心灵碰撞，是真水无香的语文教学。让我们与学生共同感受语言的美，与学生共同追求语言的美，与学生共同成长。

"本色语文"，"色"即为"特色"，是经过实践检验，符合汉语言能力发展特色的语文教学本质规律，契合这种本质规律的语文教学，就是本色语文。既可在形式设计上另辟蹊径，亦可在教学操作上别出心裁，或于文字运用上独树一帜，具体表现形式是不拘一格的。

具体而言，本色语文的内涵主要有两层：

一是"语文本位"。语文的工具性和人文性统一于语言，即为语文的本位。让学生在大量的语言实践中培养良好的语感和丰富的情感，掌握学习和运用的规律。语文教学中，通过听说读写来实现语文的本位，其中，"读"尤为重要，以读代讲，以读促悟，本色语文重在引领学生通过不同形式的阅读方式去感受语言文字的美，感受文化的魅力，唤醒童心童真。

二是"语文本真"。"本真"两字的最大体现即"以人为本"，教师首要关注的是学生的真实发展，尊重学生的主体地位。无论课堂还是生活，要尊重学生富有童真、童趣、真切的感性经验。对此，教师应学会倾听，学会赞扬，保护学生对于母语表达的激情与动力；其次，要唤醒学生的审美意识，使无生命的文字变成鲜活的可感形象；再次，调动学生的视听感觉，培养学

---

[1] 中华人民共和国教育部. 义务教育语文课程标准（2011年版）[S]. 北京：北京师范大学出版社，2012：1.

生的语感能力。本真语文不仅要保护学生语言的童真童趣，培养学生的语感能力，还要努力提升学生语言的水平，增强学生的文化修养。

总而言之，走向"本色"，不是停留在课改前的语文境地，也不能徘徊在现有的语文教学领域。走向"本色"，应该准确地吸收传统语文教育的精华，在科学的新理念指导下，不断地探索务实、质朴的语文教学，此即为我们所追求的本色语文。

学科课程目标　引领学生体味语文的本真

在课程理念的指引下，我们梳理细化了"本色语文"课程目标体系，为"本色语文"课程的框架建构和具体实施提供参考依据。

一、学科课程总目标

《课标》指出课程目标设计分为知识与能力、过程与方法、情感态度与价值观等三个相互渗透、互为融合的要素。语文学科课程目标的设计着眼于语文素养的整体提高。据此，制定了我校"本色语文"的课程总目标。①

"本色语文"课程目标是使学生获得语文基本知识与能力，认识中华文化的博大丰厚，汲取人类文化智慧。在语文学习过程中，培养良好的思想道德和健康的审美情趣，逐步形成积极的人生态度和正确的世界观、价值观。

二、学科课程年级目标

依据《课标》的要求，结合我校语文学科课程总目标和一至六年级的学情，我们设置了语文课程年级目标，下面我们以五年级上学期为例，说明学科课程的具体目标（见表2-2-1）。

---

① 中华人民共和国教育部. 义务教育语文课程标准（2011年版）[S]. 北京：北京师范大学出版社，2012：3—4.

表2-2-1　合肥市黄山路小学"本色语文"五年级上学期课程目标表

单元	目标
第一单元	共同目标： 1. 会认会写本单元生字新词，读准2个多音字。 2. 初步了解课文，掌握借助具体事物抒发感情的方法。 3. 能将自己心爱之物描述清楚，表达喜爱之情，乐于分享习作。 4. 能尊重不同见解，梳理大家的意见，初步制定班级公约。 校本目标： 说文解字，初步探究汉字字理。
第二单元	共同目标： 1. 会认会写本单元生字新词，读准6个多音字。 2. 学习"集中注意力""不要回读""带着问题读"等提高阅读速度的方法和习惯，用较快的速度默读课文。 3. 抓住人物的主要特点，能用具体的事例来描写自己的老师。 校本目标： 1. 晨读《宋词》。 2. 总结归纳提高阅读速度的方法。
第三单元	共同目标： 1. 会认会写本单元生字新词，读准1个多音字。 2. 能用较快的速度默读课文。 3. 能根据需要简要介绍故事。 校本目标： 阅读民间故事，体会阅读所带来的快乐，并乐于将自己课外阅读的成果分享给班级同学。
第四单元	共同目标： 1. 会认会写本单元生字新词，读准1个多音字。 2. 能借助题目、注释和相关资料，了解诗句的大意，体会诗人表达的情感。 3. 学习给习作列提纲，分段叙述，把重点部分写具体。 校本目标： 能结合资料，了解为国家民族做出伟大贡献的人物故事，并制作手抄报。
第五单元	共同目标： 1. 会认会写本单元生字新词。 2. 初步了解常用的说明方法，能结合具体语句体会其作用。 3. 初步体会说明性文章的语言风格。 4. 能运用合适的说明方法，描述清楚事物的主要特征。 校本目标： 开展"展示会""推销会""我来教你学制作"等实践活动，切实感受说明性文章的作用。
第六单元	共同目标： 1. 会认会写本单元生字新词。读准1个多音字。 2. 默读课文，能通过课文描写的场景、细节，体会其中蕴含的情感，感受父母和子女之间的爱。 3. 给父母写一封信，能用恰当的语言表达自己的看法和感受。 校本目标： 1. 总结"体会作者表达的感情"的方法。 2. 能写出自己成长中新的认识和感受。

续表

单元	目　　标
第七单元	共同目标： 1. 会认会写本单元生字新词，读准3个多音字。 2. 初步感受课文中静态描写、动态描写的特点。 3. 品味、积累课文中的静态描写和动态描写的语句。 4. 能按顺序描写景物，写出景物的动态变化。 校本目标： 1. 交流在课内外阅读中遇到的动态描写和静态描写的语句，能主动积累。 2. 为元旦联欢会设计一张海报。
第八单元	共同目标： 1. 会认会写本单元生字新词，读准6个多音字。 2. 能联系自己的读书体会，说出课文内容带来的启发。 3. 初步了解欧阳询书法的用笔、结构等特点，欣赏欧阳询的楷书艺术风格，感受书法的魅力。 校本目标： 介绍一本书，能分段表述推荐理由，能把重要的理由写具体。

学科课程框架　构建本色语文学习的愿景

　　为了满足学生的个性化学习需求，开发学生的潜能，唤醒童心童真，基于"本色语文"的学科理念和课程目标，我们设置了"本色识字写字""本色阅读""本色口语交际""本色习作""本色综合性学习"五大类内容。

一、"本色语文"课程结构

　　课程结构是课程顺利实施开展的依据。"本色语文"课程结构是各部分的有机组织和合理融合，是课程体系的支柱。合肥市黄山路小学"本色语文"课程群结构（见图2-2-1）。

　　具体表述如下：

　　1. 本色识字写字。"本色识字写字"内容为小学各阶段要掌握的生字，引导学生规范、端正、整洁地书写汉字，提高识字量，注重识字的兴趣。在"教、扶、放"三部走的过程中，指导学生掌握汉字书写的技能，陶冶学生的性情，培养审美能力，增强对祖国语言文字的热爱。

　　2. 本色阅读。"本色阅读"内容为适合学生阅读的古诗文、文学名著及日常的书报杂志等。"本色阅读"以"本色"为路径，使学生学会运用多种阅

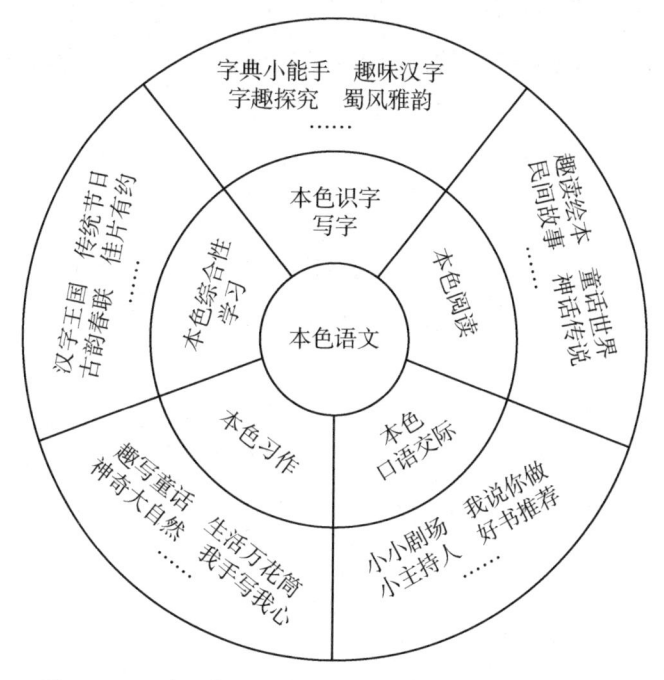

图 2-2-1　合肥市黄山路小学"本色语文"课程结构示意图

读方法，在阅读中丰富自己积累知识，培养良好语感，让每一位学生在阅读中感受文化的魅力。

3. 本色口语交际。"本色口语交际"以教材中的口语交际内容为脚本，通过创设真实情境，对学生进行潜移默化的真言训练，锻炼学生倾听、表达的能力，使学生在人际互动中，收获交流的童趣。

4. 本色习作。"本色习作"内容以教材为主线，以学生的生活为抓手，通过引导学生留心观察生活，激发学生热爱生活、亲近自然、关注社会的热情和表达的欲望，指导学生在习作创作中表童心、言童趣、说真话、做真人。

5. 本色综合性学习。"本色综合性学习"内容为校内外的各种语文实践活动，旨在通过组织此类活动，促进学生听说读写能力的整体发展；旨在加强语文课程与其他课程的融合，培养学生策划、组织、协调、行动、合作、分享等良好个性品质。

二、"本色语文"课程设置

我们遵循语文教育教学规律和学生认知成长特点，逐步推进完善"本色语文"课程设置，让学生学习真实自然。"本色语文"课程设置用一种宏观开放的视角让学生去感悟祖国语言文字的魅力，培养学生语文情怀和语文素养。

除按要求完成十二册统编语文教材的学习之外，我们根据学生的学习需求，开发了丰富多彩的拓展、延伸类课程（见表2-2-2）。

表2-2-2 合肥市黄山路小学"本色语文"课程设置表

年级	维度	本色语文课程				
^	^	本色识字写字	本色阅读	本色口语交际	本色习作	本色综合性学习
一年级	上学期	趣味拼音	晨读：笠翁对韵 阅读：趣读绘本	我说你做	看图写话	童心看校园
^	下学期	识字大擂台	晨读：笠翁对韵 阅读：趣读绘本	请你帮个忙	仿写我能行	亲子成长册
二年级	上学期	字典小能手	晨读：三字经 阅读：童话世界	有趣的动物	动物小百科	小鬼当家
^	下学期	生字开花	晨读：三字经 阅读：童话世界	推荐动画片	神奇大自然	情景剧场
三年级	上学期	汉字迷宫	晨读：弟子规 阅读：中国寓言	名字里的故事	趣写童话	唱演古诗
^	下学期	趣味汉字	晨读：弟子规 阅读：外国寓言	我的愿望	奇思妙想	中华传统节日
四年级	上学期	成语集锦	晨读：唐诗诵读 阅读：民间故事	历史故事分享	生活万花筒	古韵春联
^	下学期	小小书法家	晨读：唐诗诵读 阅读：神话传说	小小剧场	故事改编	轻扣诗歌大门
五年级	上学期	说文解字	晨读：宋词诵读 阅读：四大名著	好书推荐	缩写故事	佳片有约
^	下学期	字趣探究	晨读：论语 阅读：四大名著	读书集市	文才若海	邀游汉字王国
六年级	上学期	追字溯源	晨读：主席诗词 阅读：世界名著	小小主持人	变形记	校园活动我策划
^	下学期	蜀风雅韵	晨读：主席诗词 阅读：世界名著	再见童年	我手写我心	难忘小学生活

学科课程实施　走进多彩的本色语文乐园

"本色语文"以学生认知规律及心理特点为设计依据，结合学生的学习需求，从打造"本色课堂"、开发"本色课程"、设立"本色语文节"、建设"本色语文社团"、拓展"本色语文研学活动"五个方面实施语文课程。

一、打造"本色课堂"，彰显课堂魅力

"本色课堂"是在我校"美好课程"的基础上建立的语文学科特色课堂。"本色课堂"坚持"以童为本"，在课堂教学实践中，充分尊重学生的主体地位，关注学生的个性特点，保护学生对于母语表达的激情与动力，培养学生的语感能力。

（一）"本色课堂"的基本要求

依据我校"本色课堂"的基本理念，我们提炼出了"本色课堂"的基本要求：

丰富：教学内容要丰富多彩。教师既以教材为载体，又不局限于教材，要灵活性、创造性地使用教材，力求让课堂生动、丰富起来。

立体：教学过程要立体完整。不仅要注重环节设计的完整性和层次性，还要充分考虑其实践性。从课堂走向生活，从生活中发现语文，学习语文，在生活中得到体验和实践，使教学过程立体生动。

灵动：教学方法要灵动多样。教学过程中通过恰当有效地运用多媒体技术，直观形象地解决教学问题；注重情境创设，引领学生主动学习；注重接受与探究方式相结合，引领学生成为课堂的主人。

（二）"本色课堂"的推进策略

我们坚持以教科研为先导，以课例为载体，以观评课为抓手来推进"本色课堂"的实施，"本色课堂"始终以倾听学生的学习需求为发展核心。"本色课堂"的推进策略如下：

1. 观课议课，发现问题。我们每学年坚持观课25—30节随堂课，做到节节评，发现普遍存在的问题集中进行反馈。每节听评课后，由听课教师根据《本色课堂评价标准》进行量化评分，更进一步触摸到"本色课堂"的实质

内涵。

2. 课题联动，解决问题。围绕"本色课堂"，教研组确定研究课题，制定研究方案，全体语文组教师在课题引领下开展本色语文课堂的有效研究。

3. 抓好"四课"，提高实效。"启明星工作室"是我校培养教师梯队建设的重要途径。通过"启明星工作室"的"四课"，即新岗教师的"亮相课"，年轻教师的"成长课"，经验丰富教师的"示范课"，导师、专家的"精品课"，实现"专家引领、团队合作、全员提高"，将"本色课堂"的质量向更高层次推进。

（三）"本色课堂"的评价提升

依据课堂评价要求，结合"本色"课堂特色，特制定课堂评价表（见表2-2-3）。

表2-2-3　合肥市黄山路小学"本色课堂"评价量表

授课姓名		班级		授课时间		
课题名称				课型		
评价内容	评 价 指 标				权重	得分
教学目标（立体）	明确、具体，符合课标要求和学生实际的程度。				10	
教学过程（灵动）	课堂教学能够实现三维目标的融合升华，合理使用教材，科学安排教学内容，较好地完成课堂教学任务，恰当处理课堂中大纲设计与实际互动的关系，让教学效果更好。				40	
教学内容（丰富）	合理运用多种教学方法，教学内容具有启发性，能够激发和调动学生的积极性、主动性，有教改创新精神。				20	
教师表现	能够充分开发利用教学资源，创建内容匹配的教学情境。语言准确、感情饱满、板书工整，有丰富的协调能力，有良好的教学风格。				20	
教学效果	凸显学科特点，绝大多数学生学习积极主动，获得的知识扎实，学生的情感、态度、价值观都得到相应的发展，学生有进一步学习的愿望，师生的精神状态良好。				10	
总评						

评价人＿＿＿＿＿

二、开发"本色课程",彰显语文课程活力

我校语文组依据课标、依托学情,开发建设了丰富多彩的"本色"语文课程群。一方面对语文教材进行深入的挖掘、拓展和整合,提升"本色课堂"的质量;一方面依托学校"美好派"课程、"课后三点半"课程和 F·M 课程开发多样的特色课程,对"本色课堂"的教学内容进行补充、提升与拓展。"本色"语文课程群以通过丰富的内容、多样的形式、多角的维度为学生铺开一条学习语言文字的阳光大道为目标,让他们在这条大道上尽情领略祖国语言文字的无穷魅力,丰富他们的语言积累。

"本色课程"的评价融合过程性、个性化、多元性、激励性等多维要素,真正发挥评价引领的积极作用,发展学生个性,促进学生全面发展。具体评价包括评价方案是否真正促进学生语文素养的提升,评价教学考察教师开发和实施课程的教学效果,评价学习重点关注学生的参与程度和个性表达,评价教研综合考虑学科教研组的教研计划、教研进度、教研情况和教研效果。

三、设立"本色语文节",激发语文学习兴趣

通过丰富多彩的"本色语文节",拓宽语文的学习途径,创新语文课程的实施方式,丰富学生的语文学习生活,同时推进本色课程的进一步实施(见表 2-2-4)。

表 2-2-4 合肥市黄山路小学"本色语文节"内容设置

内容	地点	参加对象	具体要求	负责人
开幕式	操场	全体师生	1. 利用国旗下讲话向全体师生宣读读书月倡议书。 2. 大屏幕滚动播放宣传标语。	语文教研组长 学生代表
绘本故事汇	1. 各班教室 2. 西区阅览室	一年级	1. 以班级为单位召开"绘本故事汇"活动。 2. 精心布置环境烘托活动氛围。	一年级备课组
童话剧场	西区多媒体室	二年级	每班一个节目,多媒体室展演。	二年级备课组
"三十六计故事会"	1. 各班教室 2. 东区阅览室	三年级	1. 以班级为单位召开"三十六计故事会"活动。 2. 精心布置环境烘托活动氛围。	三年级备课组

续 表

内容	地点	参加对象	具体要求	负责人
校园朗读者	校广播室	四年级	1. 阅读月期间，周一至周四，每班一天，轮流主持。（时间：中午1:30—1:50；人数：3至4人；方式：美文诵读） 2. 确定一天，四年级全体学生每人带2至3本书，进行纯阅读。当天下午，任科老师也带书进课堂，和学生一起安安静静进行阅读。	四年级备课组
"笔尖下的三国"图文展	阅读长廊	五年级	1. 动员全体学生认真准备，积极参与。 2. 学校统一纸张，把各班级评选出的优秀作品，用来布置阅读长廊。 3. 确定一天，五年级各班级在教室开展《三国演义》静读或《三国演义》读书交流会，活动形式各班自行安排。	五年级备课组
诗词大赛	东区多媒体教室	六年级	1. 第一步：书面测试。规定时间内完成书面测试，各班评选出前3名，组成班级代表队。 2. 第二步：现场比赛。班主任带领20名同学组成班级方队，作为班级代表队的后援团。 3. 其他学生在班级进行整本书阅读。	六年级备课组
作家进校园	东区多媒体室	三至六年级	作家讲座，与作家面对面交流。	语文教研组长

四、建设"本色社团"，享受语文学习的快乐

我们结合学生需求和传统活动优势，成立了"翰墨飘香"书法社团、"小小剧场"、"尖尖角"小作家社团等优质语文学习社团，为学生提供多样化、个性化的自由展示空间，张扬个性，享受语文学习带来的快乐。

为了保障社团活动的顺利开展，督促辅导教师认真负责地引导学生开展活动，学校制定了对活动、教师、学生的系统性评价指标。通过师生互评、生生互评、展评等形式，让学生在活动中不断提高（见表2-2-5）。

表2-2-5 合肥市黄山路小学"本色社团"活动评价表

项目	评价指标	评价 ☆☆☆	☆☆	☆
课程研发	1. 社团主题鲜明、健康积极、富有特色，在学生中能有较强的吸引力。			
	2. 活动内容促进学生个性发展，能够展现学生的特长。			
	3. 每学期有活动计划（方案），活动反馈及时。			
实施过程	1. 社团成员稳定，有成员花名册，学生出席有记录，能培养学生自主管理社团的能力。			
	2. 活动内容和形式有创意，能结合学校文化、家长资源、学生兴趣开展生动活泼的社团活动。			
活动成效	积极参加社团成果展示活动，给予社团每位成员成长测评。			
学生成长	积极参与、认真投入；有良好的沟通交流、团结协作精神；乐于表达自己的见解；提升自己某一方面的素养，取得良好的效果。			

五、拓展"本色研学"活动，提升语文实践能力

丰富的自然风光、人文资源，都是我们开展语文综合实践活动的宝贵资源。我们通过研学旅行，引导学生开展研究性的学习。"本色研学"旅行以活动为载体，统一主题，制订详细的活动方案。

（一）研学活动实施策略

1. 激发学生在丰富多彩、变化莫测的大自然中学习语文的乐趣。

2. 引导学生在社会这个大课堂中观察、体验、实践。

3. "本色研学"活动包括一年一度的走进大自然的"踏青"春游、"采撷"秋游；跟着课本游览祖国大好河山的"假期亲子游"；感受多彩生活的实地参观工业游；走进科技馆、博物馆等馆所的文化游；走进军营的国防游；走进社区的实践游和专项体验的夏令营、冬令营（见表2-2-6）。

表 2-2-6　合肥市黄山路小学"本色研学"活动安排表

年级	学期	研学主题	研学地点	研学目标
一年级	第一学期	国防天地	陆军炮兵防空兵学院	增强国防知识。
	第二学期	科技生活	合肥市科技馆	感受科技的魅力,激发对科学的热爱。
二年级	第一学期	我的家乡	徽园	了解家乡文化,激发对家乡的热爱。
	第二学期		肥西三河	
三年级	第一学期	我的家乡	巢湖三瓜公社	领略家乡风貌,激发对家乡的热爱。
	第二学期		巢湖紫薇洞	
四年级	第一学期	名人故里	李鸿章故居	了解家乡名人,感受家乡荣耀。
	第二学期		包公祠	
五年级	第一学期	合肥工业游	走进彩蝶轩	感受现代工业文明,激发对家乡的热爱之情。
	第二学期		伊利集团合肥工业园	
六年级	第一学期	红色之旅	金寨红色教育基地	沿着革命先烈的足迹,感受他们的丰功伟绩。
	第二学期		皖南事变烈士陵园	

(二) 研学活动评价标准

为了进一步关注学生在研学旅行中表现出的特质,我们从乐于参与、留心观察、合作分享、勤于动笔四方面进行评价,让学生通过自评、组内互评、教师评价三个角度得到综合的评价(见表2-2-7)。

表 2-2-7　合肥市黄山路小学"本色研学"活动评价表

评价内容	评 价 标 准	评价等级:☆☆☆		
		自评	组评	师评
乐于参与	☆☆☆:参与意识强,具有积极的态度,按时参加活动,勇于表现自己。			
	☆☆:有参与意识,态度较积极,能按时参加活动。			
	☆:能按时参加活动。			
留心观察	☆☆☆:在活动中善于观察,勤于思考,善于发现问题,尝试解决问题,并从中获得启示。			
	☆☆:在活动中会观察、会思考,能直面自己的问题,并尝试解决。			
	☆:有留心观察的意识,尝试发现问题。			

续 表

评价内容	评价标准	评价等级：☆☆☆		
		自评	组评	师评
合作分享	☆☆☆：在活动中具有团队意识，善于和同伴合作，乐于分享。			
	☆☆：在活动中具有团队意识，懂得在活动中和同伴合作，懂得分享。			
	☆：愿意合作与交流，能够听取别人的意见，并给予支持。			
勤于动笔	☆☆☆：按时完成活动记录，质量高，有创意。善于收集整理活动相关成果作业，大胆展示。			
	☆☆：能按时完成活动记录，态度端正，能够收集整理活动相关成果作业，尝试表达，展示自我。			
	☆：有意识地在活动中收集整理材料，能够呈现最后的成果作业。			
我的收获				

总之，"本色语文"课程立足学生实际，聚焦学生语文核心素养，依据学校顶层设计，从思想引领、组织建设、制度建构、专业引领等方面加强落实，集目的性、实践性、探究性、操作性为一体，确保课程顺利开展和深入实施，从而使课程建设逐步规范化、体系化、特色化。

（撰稿者：朱广艳　王晓芳　贾贤俊　李然　李家玲　梅秀真）

第三章

内容与目标的联结

　　课程内容是实现课程目标的载体，贯穿整个课程内容的选择和设计，课程目标强调以学生发展为中心，反映课程促进学生个体成长的价值实现，二者相辅相成，是紧密连接的统一生命体。学生的主体活动是围绕学习课程内容而展开的，通过这个过程提高自己的能力和思想境界。把握好课程内容与目标的联结，可以引导我们采用更科学、高效的途径实现现代社会发展对教育的需求和期望。

课程目标是指课程开展之后要达到的具体目标和用意。它定义了学生经过某一教育阶段学习该课程后，他们的品德、智力、体格等方面应该有多大程度的发展和提高。课程目标是确定课程内容的基础，课程内容是实现课程目标的途径，在某种意义上说，一切教育目的都只能通过课程为中介来实现。因此，课程内容要围绕着落实课程目标的实现来选择最佳方案，最大程度地达到教学预期。

　　为厘清课程目标，先厘清课程内容与教学目标之间的关系，以确保这些要求在课程中得到反映。明确课程内容与课程目标的联结关系，对学生的特点、社会的需求、学科的发展等各个方面进行深入研究，确定学科的逻辑体系，才能制定行之有效的学科内容和目标，满足学生个体社会化需求和可持续发展的需要。

　　课程目标是学生在单位时间内对学业成绩的期望。现代课程理论之父泰勒认为，确定目标在课程原理中最为关键，因为其他步骤都是对这些步骤的进一步阐释[1]。学生经验、社会生活以及学科专家的建议是教学目标的三大来源。一方面，学生应具备相关的背景知识和学习经验；另一方面，教师要根据课程目标，精心设计可操作性教学活动内容，保证预期目标的顺利达成。就英语课堂而言，面对一个课时短短半个小时的正式教学（"新课导入"与"课堂总结"除外），我们更应当科学合理地设计与规划，既要有效地讲授、示范、训练与调整，又要让学生有足够消化的空间。因此，把课程内容与课程目标有机结合起来，有着十分重要的意义。

　　我们知道，学生的学习兴趣直接影响学习效果。儿童英语教育是基础教育的组成部分，是学校教育和终身教育的起始阶段，其学习兴趣和习惯的培养关系到今后学习的成效和发展，关系到最终教育目标是否达成。儒家学派创始人孔子曾经说过：知道如何学习的人不如热爱学习的人，热爱学习的人不如以学习为快乐的人。学习是学生乐于参与、积极互动的过程。通过构建不同的情境，教师可以为每个学生提供有意义的学习方法。"怡趣英语"和 Open English 英语课程都是以"趣"出发，在尊重教材的基础上，深入挖掘教材之外的教学资源，根据学生的身心发展和认知规律设计合理、有趣的教

---

[1] 施良方. 简论课程目标的三种取向 [J]. 课程·教材·教法，1995 (06)：60—62.

学活动，激发学生学习兴趣，促进学生乐学、爱学、会学，在轻松愉悦的氛围中，提高学生的综合语言运用能力，并运用多种评价机制确定课程与教学实际达到目标的程度。教师应将评价结果反馈到教学设计和课堂教学中，并以此作为依据，认真修改教学目标和方法，使整个教学过程成为一个动态的、不断更新的过程。"怡趣英语"和 Open English 课程通过建立科学合理的评价导航以保障课程内容的优化实施，使我们的学生在品质课程中体会到英语学习的成就感，为今后的可持续学习奠定坚实的基础。

总之，在英语课程中，我们也应以课程目标与内容的紧密联结为导向，通过研究学生、研究生活、研究课堂，积极运用和主动调适英语学习策略，在教学中帮助学生形成新的学习方式和良好的思维方法，逐步发展英语学科核心素养。

（撰稿者：许强力　吴丽霞）

第一节

Open English：让学生做学习的主人

合肥市小庙中心学校英语教研组，现有教师 5 人，30 岁以下的青年教师 3 人，师资队伍优良，具有较强的学科素养。小庙中心学校英语教研组充分发挥团队的力量，认真开展教研活动，积极参加市、区教育主管部门组织的各类教科研活动，取得了一定成果。我们依据教育部《关于全面深化课程改革落实立德树人根本任务的意见》《义务教育英语课程标准（2011 年版）》等文件精神，推进英语学科课程群建设。

学科课程哲学　打造满含期待的英语课堂

一、学科性质

《义务教育英语课程标准（2011 年版）》指出：义务教育阶段的英语课程具有工具性和人文性双重性质。就工具性而言，英语课程承担着培养学生基本英语素养和发展学生思维能力的任务。就人文性而言，英语课程承担着提高学生综合人文素养的任务。英语课程的人文性与工具性有机结合，有利于为学生的终身发展奠定基础[1]。

基于这种认识，我们认为小学英语以知识教学为载体，以人的发展为主要目标，通过营造生动活泼的教学环境，提倡自主学习，给学生充分发展的

---

[1] 中华人民共和国教育部. 义务教育英语课程标准（2011 年版）[S]. 北京：北京师范大学出版社，2012.1.

空间，使学生在积极探索的过程中，英语的核心素质得到充分发展。在学习和使用英语的过程中，应拓宽文化视野，丰富思维方式，实现英语学习策略的自我管理、积极运用和主动适应，逐步培养学生的英语学科核心素质。

二、学科课程理念

我校英语学科课程在不断的教学实践中，逐渐形成具有系统的、特色的、有着教师主张和学科视野的英语学科教学理念。实施生活化英语教学，营造生动活泼的课堂气氛，激发学生学习英语的兴趣，激发学生参与英语学习的愿望，提高学生的学习积极性，使学生愿意参与课堂活动。创设生活中的各种情景，让语言运用生活化，着眼于学生的感知和体验，促使学生积极主动地参与到学习活动中来，让每一个学生都体验到学习的成就感。基于此，我们提出以"Open English"课程为核心的英语学科课程理念。每个字母的含义如下：

O-observation（观察力）：学生在英语学习过程中善于观察，发现英语的语言魅力，饱有兴趣，对英语学习满怀期待。

P-personality（个性）：学生在英语学习过程中，关注自己的学习状态、学习习惯、学习成果，不断调整自己的学习策略，发展自主学习能力，并逐步树立自信心。

E-enjoyment（乐趣）：学生在英语学习过程中始终处在一个正能量的学习氛围中，感受英语语言的美，体会学习的快乐与成就感，能够用英语表达自己对世界的认识。

N-naturalism（本能）：学生的综合语言运用能力在课程学习中不断地得到锻炼，逐步形成英语思维习惯，形成跨文化交际能力，发展英语学科核心素养。

综上所述，"Open English"课程倡导教师要聚焦学生兴趣、天性、需要，通过资源联动、有效互动、评价驱动来激活课堂，引导学生变被动灌输为主动学习，强调不断拓宽学生个性自由发展的空间，开阔视野，培养他们自主参与的能力和自主学习的能力。

学科课程目标　用多元化唤醒学生的潜能

英语课程的最终目标是培养学生的综合语言运用能力和兴趣，提高学生的人文素质。语言知识和语言技能是语言综合运用的基础，文化意识是正确使用语言的保证，学习策略是提高学习效率和培养自主学习能力的保证，它们共同促进语言知识和能力的形成。这种多元化从根本上确立了学生学习的主体地位，激发了学生学习语言的潜能。

一、学科课程总体目标

根据《义务教育英语课程标准（2011年版）》，义务教育英语课程的总目标是通过英语学习，培养学生的综合语言技能和智力发展，以及提升他们的整体人文素质。语言技能、语言知识、情感态度、学习策略和文化意识的全面发展是综合语言能力形成的基石。这五个方面相辅相成，促进了综合语言能力的形成和发展[①]。

基于以上论述，依据《义务教育英语课程标准（2011年版）》，结合我校"Open English"的学科课程理念，我们将学科课程总目标分为：语言技能目标、文化意识目标、语言思维目标、学习策略目标。

（一）语言技能目标

学生通过"Open English"课程创设的轻松活泼的学习氛围，理解语言所表达的意义，乐于运用已有语言知识表达自己的观点，乐意与他人进行交流，传递情感态度与价值观。

（二）文化意识目标

学生通过"Open English"课程的学习，初步感知中外文化异同，对接触的外国文化习俗感兴趣，乐于了解外国文化习俗，汲取中外优秀文化精华，构建基本的文化意识，初步形成国际视野和跨文化交际能力。

---

① 中华人民共和国教育部. 义务教育英语课程标准（2011年版）[S]. 北京：北京师范大学出版社，2012：1.

（三）语言思维目标

在学习过程中，学生可以发现英语语言中的具体现象，整理和总结信息。通过参与"Open English"课程提供的语言、思维与文化相结合的活动，善于提出问题，形成英语思维习惯，乐于表达自己的观点，对事物作出正确的判断，开展深度学习。

（四）学习策略目标

学生能制定简单的学习计划，有适合自己的学习方法，形成自我管理的良好的学习习惯，体会英语学习带来的愉悦感与成就感。在英语公开课上，敢于表达，树立自信心；在交往、英语文化节等学科活动中，积极配合，提升个人能力。

二、学科课程年级目标

依据《义务教育英语课程标准（2011年版）》和我校"Open English"的课程理念，我们将课程总目标细化为各年级具体目标。下面，我们以五年级上学期为例，说明学科课程的具体目标（见表3-1-1）。

表3-1-1 合肥市小庙中心学校"Open English"五年级上学期课程目标表

单元	目标
第一单元	共同目标： 1. 能掌握四会句型：Is he young/funny? Yes, he is. /No, he isn't. What's she like? She's kind. 2. 能够在情景中运用句型 Is he/she young/…？What's he/she like? He/She is kind/… 询问并回答某人的性格或外貌特征。 3. 能够在语境中理解单词 know 和句子 Do you know Mr Young? Ms Wang will be our Chinese teacher. 的意思，并能正确发音。 4. 能够理解对话大意，模仿语音语调朗读对话并进行角色扮演。 5. 能够按照正确的意群及语音语调朗读日记，并运用句型 He is hard-working… 口头和书面描述机器人 Robin 及其他人物。 6. 能够掌握四会单词：old, young, funny, kind, strict, polite hard-working, helpful, clever, shy. 7. 能够在语境中运用单词询问并回答关于人物性格或外貌特征的问题，以及描述人物性格或外貌特征。 8. 能够掌握字母-y 的发音规则。 9. 能够正确拼读含有-y 发音规则的单词，并能够根据发音拼写出符合-y 发音规则的单词。 10. 能够在四线三格上完成抄写句子的活动，做到书写规范。

续表

单元	目标
	校本目标： 1. 树立正确的审美观，避免以貌取人。 2. 能够在教师的指导下进行 be 动词与人称代词的搭配小结，会正确搭配和运用。 3. 能够根据-y 的发音规则拼读、拼写单词。
第二单元	共同目标： 1. 能够理解对话大意，按照正确的语音语调朗读对话并进行角色扮演。 2. 能够掌握四会句型： What do you have on Thursdays/...? I have ... 3. 能够在情景中运用句型 What do you have on Thursdays/...? I have ... 询问并回答某天的课程安排。 4. 能够在情景中运用句型 Do you often read books/...? Yes, I do. / No, I don't. 询问并回答经常从事的周末活动。 5. 能够按照正确的意群及语音、语调朗读 Robin 的建议，理解内容并仿写句子补全对话，做到书写规范。 6. 能够四会掌握单词和词组： Monday, Tuesday, Wednesday, Thursday, Friday, Saturday, Sunday, wash my clothes, watch TV, do homework, read books, play football。 7. 能够正确运用上述单词和词组描述自己的日常课程安排和周末生活。 8. 能够掌握字母组合 ee/ea 在单词中的发音规则，即在单词中发长音/i:/。 9. 能够读出符合 ee/ea 发音规则的单词；并能够根据发音拼写出符合 ee/ea 发音规则的单词。 校本目标： 1. 通过本单元的学习使学生进一步懂得珍惜时间的重要性，引导他们既要抓紧校内时间学习，又要学会合理利用周末，加强体育锻炼，做到有张有弛、劳逸结合。 2. 能够在教师的帮助下总结简单的英语构词法，并学会利用构词法记忆单词。 3. 能够根据 ea, ee 的发音规则拼读、拼写单词。
第三单元	共同目标： 1. 能够听、说、读、写句型： What would you like to eat drink? I'd like ... What's your favorite food? I love ... 2. 能够在情景中运用句型 What would you like to eat/drink? ... 询问并回答某人想要吃什么、喝什么。 3. 能够在情景中运用句型 What's your favorite food/drink? I love ... 询问并回答最喜欢的食物或饮品。 4. 能够理解对话大意，正确朗读对话，并分角色练习对话。 5. 能够按照正确的意群和语音、语调朗读 Wu Yifan 和爷爷留给 Robin 的便条，理解便条内容并完成读后选图活动及补全个性化便条的书写的活动。 6. 能够四会掌握五个食品饮料类单词或词组： tea, ice cream, hamburger, salad, sandwich 以及五个描述食物特征的形容词： fresh, healthy, delicious, hot, sweet。 7. 能够在模拟点餐对话时正确使用上述单词，并能在语境中运用上述单词描述食物或饮品的味道及其他特征。

续 表

单元	目 标
	8. 能够在模拟点餐时运用上述单词填写菜单，或者根据图片的提示填充合适的单词描述食物或饮品。 9. 能够掌握字母组合 ow 在单词中 /əu/ 或 /au/ 的发音规则。 10. 能够读出符合 ow 发音规则的单词，并能够根据发音拼写出符合 ow 发音规则的单词。能够在四线三格上抄写句子，做到书写规范正确。 校本目标： 1. 能够保持健康的饮食习惯，绿色生活。 2. 能够了解中西方饮食方面的文化差异，如：餐具差异、餐桌礼仪、主食差异等。 3. 能够在教师的帮助下总结名词单、复数的变化规律，并学会利用规律记忆名词的复数形式。 4. 能够根据 ow 的发音规则拼读、拼写单词。
第四单元	共同目标： 1. 能够完成听录音选图和听录音判断正误的活动。 2. 能够理解对话大意，按照正确的意群及语音、语调朗读对话，并进行角色扮演。 3. 能够在情景中运用句型 What can you do? I can... Can you...? Yes, I can./No, I can't. 询问某人能否做某事并作答。 4. 能够听、说、读、写句型 What can you do? I can... Can you...? Yes, I can./No, I can't. 5. 能够正确理解 Robin 找朋友的电子邮件，按照正确的语音、语调朗读，并完成读后活动。 6. 能正确运用 can, can't 写出三个描述自己能否做某事的句子，做到书写规范。 7. 能四会掌握单词或词组：dance, sing English songs, do kung fu, play the pipa, draw cartoons, swim, speak English, cook, play basketball, play ping-pong。 8. 能够在语境中正确运用上述单词或词组。 9. 能够完成关于课余文化活动的调查。 10. 能够掌握字母组合 oo 的发音规则，即 oo 在单词中常见的两种发音：/u/ 和 /u:/。 11. 能够拼读符合 oo 发音规则的单词，并能根据读音拼写符合 oo 发音规则的单词。 校本目标： 1. 能够积极参与文娱活动，丰富课余生活。 2. 能够多了解琵琶、武术、乒乓球等有中国特色的文娱活动形式。 3. 能够在教师的帮助下总结动词 play 与文体活动名称的搭配规律，并按照规律记忆相关词组。 4. 能够根据 oo 的发音规则拼读、拼写单词。
第五单元	共同目标： 1. 能够理解对话大意，并分角色完成对话内容。 2. 能够掌握四会句型：There is a... in/on/... There are... in/on/... 3. 能够在情景中运用句型 There is... There are... 描述某处有某物。 4. 能够理解电子邮件的内容，按照正确的语意、语音和语调朗读邮件，并完成读后活动。

续 表

单元	目 标
	5. 能够四会掌握五个家居物品类的单词或词组：bike, clock, photo, water bottle, plant。 6. 能够四会掌握表示位置关系的介词或介词词组：beside, between, behind, above, in front of。 7. 能够正确使用以上方位介词描述物体位置，并能简单介绍自己的房间。 8. 能够掌握字母组合 ai/ay 在单词中的常见发音/ei/。 9. 能够读出含有 ai/ay 字母组合的单词，并根据发音规则正确拼写单词。 10. 能够在四线三格上正确、规范地抄写句子。 校本目标： 1. 能够养成及时整理个人物品的习惯。 2. 提倡垃圾分类，增强环保意识。 3. 能够在教师的帮助下总结 there be 结构与名词单复数的搭配规律，并能正确运用这一结构。 4. 能够根据 ai/ay 的发音规则拼读、拼写单词。
第六单元	共同目标： 1. 能够理解对话大意，用正确的语音、语调朗读对话，并完成角色对话。 2. 能够学会掌握句型：Is there a river in the forest? Yes, there is. / No, there isn't. Are there any tall buildings in the nature park? Yes, there are. /No, there aren't. 3. 能够在情景中运用句型 Is there…? Yes, there is. /No, there isn't. Are there any…? Yes, there are. /No, there aren't. 询问某处是否有某物并回答。 4. 能够在图片的帮助下正确理解短文内容，准确流利地朗读短文，并完成补画的活动，能够根据文中描述的自然公园提出三个问题并写出答案。 5. 能够听、说、读、写单词：forest, lake, mountain, hill, river, building, village, house, tree, bridge。 6. 能够正确使用上述词汇介绍自然公园的情况。 7. 能够掌握字母组合 ou 的发音规则，即 ou 在单词中发/au/。 8. 能够读出符合 ou 发音规则的单词，并能够根据发音规则拼写单词。 校本目标： 1. 能够亲近自然，热爱自然。 2. 能够了解一些环保常识。 3. 能够在教师的帮助下总结 there be 结构了解一般疑问句的用法，并能在情境中正确运用。 4. 能够根据 ou 的发音规则拼读、拼写单词。

学科课程框架　多样性课程秀出自我

"Open English" 课程从课内、课外的无缝衔接来满足不同学生各个层次的发展需求，以"磨耳英语、享说英语、畅读英语、妙笔英语、奇趣英语"为框架进行建构，通过多种方式全方位、多层次对学生进行多样性语言输入,丰富语言渠道,提高语言素养。

一、学科课程结构

根据《义务教育英语课程标准(2011年版)》,结合我校英语学科课程理念,我们设置了"Open English"系列课程。"Open English"课程面向全体学生,设置灵活丰富的教学内容以满足不同层次学生的需求,通过英语学习使学生形成初步的综合语言运用能力,同时培养学生的观察、记忆、思维、想象和创造等英语学科素养,分为磨耳英语、享说英语、畅读英语、妙笔英语、奇趣英语五个版块进行建构(见图3-1-1)。

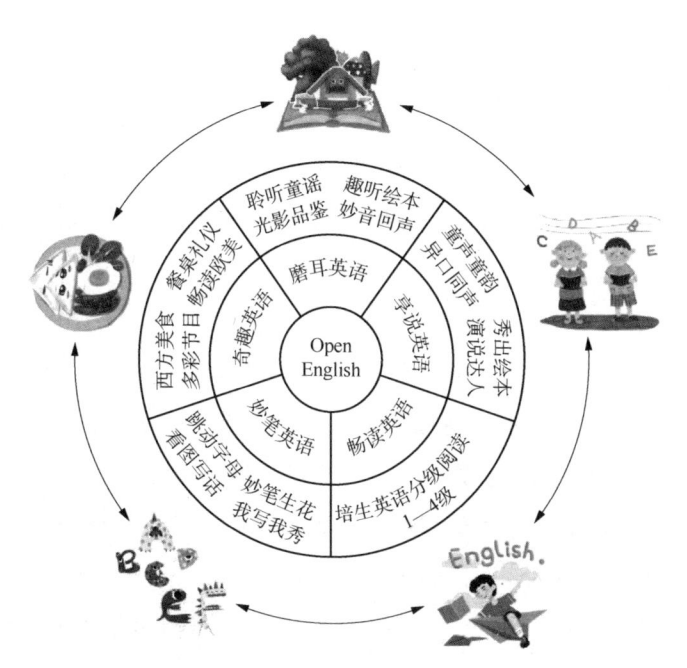

图3-1-1 合肥市小庙中心学校"Open English"课程结构示意图

具体表述如下:

(一)磨耳英语

此项为听力环节。语言学习往往从听力感知开始,语言感知的最有效方式就是多听。大量听语音材料不仅能帮助学生建立语感,也能帮助学生丰富语言储备,锤炼语言技能。对于三年级的学生来说,由于刚接触英语,而且学生年龄较小,可以从朗朗上口的经典英文童谣开始,让学生感受英文的韵律之美，叫醒学生的耳朵，充分做好磨耳朵工作。磨耳英语课程以丰富的形式，多样的内容，全方位多层次地对学生进行语言输入。

三至六年级课程依次是：三年级聆听童谣（听儿歌童谣），四年级趣听绘本（听韵律绘本），五年级光影品鉴（听经典动画对白），六年级妙音回声（模仿复述简单演讲）。

（二） 享说英语

此项为口语环节。口语交际是体现语言工具性的一种方式，它能帮助学生培养学习英语的积极态度，树立英语学习的自信心，从而具备用英语进行简单日常交流的能力，实现语言的工具性功能。我们根据学生的年龄特点，从三年级起循序渐进地设置课程，通过英文歌谣、绘本故事、主题交谈、英语演讲、课本剧表演、英文电影配音等内容的学习，让学生在说、唱、演中获得乐趣和愉悦感，提升学生的语言交际能力。

三至六年级课程分别是：三年级童声童韵（童谣PK）、四年级秀出绘本（绘本故事表演）、五年级异口同声（经典动画配音）、六年级演说达人（英语演讲）。

（三） 畅读英语

此项为阅读环节。对于小学生来说，英语阅读是一种非常恰当和重要的学习方式。我们主要依托人教版教材和外研社英语分级阅读系列等绘本读物，建立英文绘本资源库，为学生提供适切的阅读材料，采用图片环游、拼图阅读等教学途径，让学生获得良好的阅读体验，发展阅读素养。

三至六年级课程内容选择适合本年级学生的培生英文绘本分级读物，三至六年级选择不同的内容，分别选择了阶段1—4的培生儿童英语。

（四） 妙笔英语

此项为写作环节。规范的英文书写和简单的写作策略，是学生语言输出能力和语言知识综合运用能力的反映，是一个长期积累的过程。课程的内容包括字母的规范书写、单词卡片制作、句子仿写、图文表意、短文改写、绘本创作等。

三至六年级课程内容包括"跳动字母（字母仿写）"、"妙笔生画（手绘单词卡）"、"看图写话（简单绘本创作）"、"我写我秀（创作主题短文）"。具体要求是：三年级学生能用彩泥、卡片、肢体、标志性建筑等图形，进行简单的字母或单词书写或表达；四至六年级学生以主题式创作为具体实施方式，让学生进行单词短语、简单句子、短文的书写等，图文结合，通过海报、自制绘本、明信片、创作小短文和绘本等形式展示。

（五）奇趣英语

此项为主题文化环节。主要通过多元化的小组活动，以"多彩节日""畅游欧美"等活动为载体，让学生通过多种学习方式了解不同国家的风土人情，感受中西方文化差异，帮助学生拓宽视野，培养国际意识，提高跨文化交际能力。

三至六年级课程内容包括西方美食、餐桌礼仪、多彩节日、畅游欧美。让三年级学生初步了解简单的西方美食；四年级学生应该了解中西方的餐桌礼仪，中西方的饮食文化；五年级学生了解外国主要节日名称、时间、由来、主要活动等；六年级学生深入了解欧美国家独有的风俗习惯。

二、"Open English"课程设置

围绕"让学生做学习的主人"的学科理念，除基础性课程外，我校设置了"Open English"各年级段的课程（见表3-1-2）。

表3-1-2　合肥市小庙中心学校英语学科"Open English"课程设置表

年级	具体课程				
	磨耳英语	享说英语	畅读英语	妙笔英语	奇趣英语
三年级	聆听童谣（听儿歌童谣）	童声童韵（童谣PK）	培生儿童英语Level1	跳动字母（字母仿写）	西方美食
四年级	趣听绘本（听韵律绘本）	秀出绘本（绘本故事表演）	培生儿童英语Level2	妙笔生"画"（手绘单词卡）	餐桌礼仪
五年级	光影品鉴（听经典动画对白）	异口同声（经典动画配音）	培生儿童英语Level3	绘图述文（简单绘本创作）	多彩节日
六年级	妙音回声（模仿复述简单演讲）	演说达人（英语演讲）	培生儿童英语Leve4	我写我秀（创作主题短文）	畅游欧美

学科课程实施　多维度实施打造快乐课堂

"Open English"课程的实施，基于学生的学习现状及需求，紧扣"让学

生做学习的主人"的课程理念，致力于营造快乐英语课堂，开展多样的英语学科活动，提高学生英语学习的主动性，用多维度的实施评价帮助学生改进学习策略，提高自主学习能力，从而培养学生的学科核心素养。

一、构建"Open 课堂"，有效实施英语课程

"Open 课堂"是我校英语学科的特色课堂，致力于营造轻松愉悦的课堂氛围，尊重学生的主体地位，在开放式学习的过程中提升学科素养。

（一）"Open 课堂"的内涵

——Obvious：教学目标明确。尊重学生的主体地位，关注不同学生的学习需求，通过设计与现实生活密切相关的语用任务，设置明确的教学目标，帮助学生在广阔的思维空间中发展综合语言运用能力。

——Plentiful：教学内容丰富。在教学中创造性地使用英语教材，扩充语音、阅读、写话、文化探索等多维版块，丰富的教学内容为学生提供学习资源，体验英语的无限魅力。

——Effective：教学方法有效。教师依据学生兴趣和不同年龄段特征，注重情境创设，运用灵活多样的教学方式调动学生积极性。注重课堂生成，激发学生思维，尊重学生表达，鼓励学生在参与中习得。

——Natural：学习过程自然。根据学生的具体学习状态调整教学方法和策略，使课堂充满灵性，营造轻松快乐的课堂氛围，使学生积极参与学习，乐于用英语表达个人见解，理解英语文化内涵，在学习过程中体会英语语言的魅力，提高学生的自然习得能力。

（二）"Open 课堂"的实践操作

英语学科紧扣"让学生做学习的主人"的课程理念，深入探索，不断实践，重点打磨"Open 课堂"的四种课型，即：Open 语音课、Open 阅读课、Open 写作课、Open 交际课。

1. Open 语音课。灵活运用工具，训练发音技巧。日常教学中，教师利用多媒体专业工具来辅助语音课的教学，为教学提供配套的教学资源，如：点读机、班班通设备、教学光盘、网络资源等。多媒体资源可以为学生提供标准的语音、正确的演示，为学生提供良好的语言环境，为今后的英语口语学习打下良好的基础。

多元教学，加强音素意识。教师运用歌谣、绕口令等多种教学方法，培养学生的语音意识，帮助学生初步建立字母与音素的对应关系，引导学生识别和运用词汇中音素的发音规律。

多元情境，培养学生语感。教师创设丰富多样的教学情境，把英语教学和生活实际密切地联系起来，让学生在真实的情境中进一步感悟和运用语言，训练自己的语感，在交际过程中体会英语语言的魅力。

2. Open 阅读课。课堂上创设直观真实的情境，对阅读材料的内容进行预热，运用学生已有的知识储备，唤醒学生阅读的欲望和兴趣。

当学生对阅读产生兴趣时，他们会积极地思考。教师通过提问引导学生逐步理解课文，设置不同层次的问题可以引导学生养成积极思考的习惯。

学生深入理解阅读材料后，将阅读中收获的语言点融入到写作之中，有利于促进学生对阅读内容的深层次把握。在写作拓展性训练中进行主题表达、创意表达，及时进行"输入""输出"的有机整合，实现"以读促写，读写结合"的目标。

3. Open 写作课。在写作课堂上，教师要积极创设直观真实的情境，激活学生已有的知识储备，让学生乐于写作，充分发挥他们的思维能力，激发学生写作的兴趣和欲望。

英语写作中要加强对英语国家的历史地理、人文风情、传统习俗、价值观念等的学习，让学生积极了解和接触英语文化，构建基本的文化意识，初步形成国际视野和跨文化交际能力，提高写作质量。

4. Open 交际课。多感官参与。教师尽可能地用全英文授课，让学生在不自觉中训练自己的英语思维能力。当然，学生的英语学习水平参差不齐，只要能认真地听，大胆地说，勇敢地做，积极参与就会有进步和成效。

多途径练习。课堂上老师通过师生问答、生生问答、分组练习等途径尽可能让每个学生都参与进来，更能激发学生学习英语的积极性。

多展示交流。在课堂中教师要多创造机会让学生展示交流，鼓励每个学生积极参与，并多用鼓励性语言进行评价，让学生获得成就感，提高英语交际的欲望和兴趣。

（三）"Open 课堂"的评价标准

依据英语学科"Open 课堂"的内涵，我们以量化的方式对课堂进行评价。听评课后，由听课教师填写评价量表并交给执教教师，通过量化评价分数曲线图的绘制，记录教师课堂教学成长的过程（见表3-1-3）。

表3-1-3 合肥市小庙中心学校英语学科"Open课堂"评价量表

评价项目	评价要求	分值	教师自评	课程研究中心
教学设计 20%	与国家、地方课程的密切联系	3		
	提高学生学科素质	7		
	体现育人目标	5		
	培养学生核心素养	5		
教学目标 10%	目标明确、清晰	2		
	体现"Open English"基本理念和英语学科核心素养	6		
	贯彻因材施教的原则，发展学生潜能	2		
教学过程 40%	组织得体，层次分明，教材框架清晰	10		
	科学、启发性强，突出能力	15		
	学生自主、探究、合作学习	15		
教学方法 20%	可操作性强，方法科学，具有激励性	20		
学生评价 10%	学生体验度、课堂参与度、学习目标完成情况	10		
总评				

二、倡导"Open English"课程学习，培养学生良好的英语学习习惯

（一）"Open English"课程学习的基本要求

英语是一门综合性很强的学科，整个教学过程需要师生共同参与和实践，其中"以学生为中心"尤为重要。学生的语言学习不受框架限制，才能最大限度地激发他们的潜能。因此，在英语教学中要突出学生的主体地位，让他们最大限度地参与到教学过程中，点燃他们的学习热情。基于此，我们从乐听、乐说、乐读、乐写四个方面培养学生良好的学习习惯，并让学生每周进行自我评价（见表3-1-4）。

表 3-1-4　合肥市小庙中心学校英语学科"Open English"学生自我评价表

评价内容		自评 ♡♡♡	自评 ♡♡	自评 ♡	互评 ♡♡♡	互评 ♡♡	互评 ♡
乐听	1. 坚持每日听录音						
	2. 坚持专心听教师讲课						
	3. 专心听同学发言						
乐说	1. 课堂积极发言						
	2. 小组活动与同学积极交流						
	3. 生活中积极参加英语活动						
乐读	1. 能坚持每日跟读						
	2. 能坚持模仿原声						
	3. 坚持阅读英语绘本等						
乐写	1. 能认真书写						
	2. 定期参与主题创作						
	3. 坚持写英文日记						

（二）"Open English"课程学习评价要求

"Open English"课程学习评价的主要目的是为了全面了解学生的学习历程，及时改进教师的教学方式，进一步优化学生的学习方法和策略。基于以上理念，我们设计了《"Open English"课程学业质量评价手册》，关注学生英语学习的过程，培养良好的英语学习习惯。

《"Open English"课程学业质量评价手册》内容包括：学业质量评价方案细则、日常读书表、课文背诵情况统计表、书写作业等级记录表、阶段性测评等级记录表、印章统计表以及学生个人综合评估表，在开学初期让学生人手一册。每日听录音、跟读原声，记录在日常读书表中，坚持一周可积印章一枚；课堂上认真听讲，积极发言，参与活动，每节课可积印章一枚；日常作业书写规范认真，每次可积印章一枚，并将等级记录在作业等级统计表中。学生每两周根据手册总结一次，对自己的学习历程进行审视，制定短期或长期的学习目标，提高自主学习的规划能力。

三、设立"Open 文化节",激发学生英语学习兴趣

为了培养学生英语学科的跨文化意识,我校结合中西方文化点来创设"Open 文化节"。文化节对学生来说具有强大的吸引力,因此根据实时的主题来设计校园文化节是学校课程实施的重要形式之一。文化节是学生们的第二课堂,它不仅为学生提供了实践语言知识和技能的机会,而且还活跃了学校的学习氛围。

(一)"Open 文化节"的内涵与推进

"Open 文化节"是学校根据实际情况开设的校园特色课程,目的是让学生了解中西方文化的差异,在体验教育和实践活动中搭建学习和研讨的平台,开拓学生视野,提高国际意识,关注世界文化。

"Open 文化节"包括中西方的传统节日以及校园英语特色节日。在学校教育的过程中,既要让学生传承发扬祖国传统文化,也要让他们了解西方传统节日。以"Open 文化节"为主题的系列课程的开发,不仅让学生感受到祖国传统节日的真正韵味,也让学生初步了解了西方文化的真谛,更促进学生积极地去交流学习,释放语言的力量。我校"Open 文化节"课程安排如下(见表 3-1-5)。

表 3-1-5 合肥市小庙中心学校"Open 文化节"课程

时间	年级	特色课程	年级	特色英语节
10 月	三年级	我和我的祖国	三年级	朗诵节
11 月	三年级	感恩有你	三年级	海报节
12 月	四年级	最好的礼物	四年级	配音节
3 月	四年级	小树生长	四年级	歌曲节
4 月	五年级	希望	五年级	戏剧节
5 月	五年级	最爱的妈妈	五年级	书信节
6 月	六年级	纪念屈原	六年级	诗歌节
9 月	六年级	月是故乡明	六年级	表演节

(二)"Open 文化节"的评价要求

文化节课程评价对课程活动实施的有效性有着积极的导向作用。评价注重主体性、过程性、多样性、发展性、人文性,对学生的英语学习情况、研

究探索等情况进行有效评价，重视对学生学习潜能的评价，促进学生的可持续发展。文化节课程活动的评价采用观摩点评、活动效果总结等方法，并及时进行评价。"Open 文化节"评价详情如下（见表 3-1-6）。

表 3-1-6　合肥市小庙中心学校"Open 文化节"评价量表

评价项目	评价标准	教师评等级（ABC）	亮点/建议
主题	融合传统文化和西方文化，弘扬民族精神		
	时代感强，体现学校对学生形象的要求		
内容	活动内容新颖，符合学生的年龄特征		
	活动环节典型，有说服力和感染力		
	贴合实际生活，学生易于接受		
形式	寓教于乐，展示学生个性特长		
	层次分明，结构完整紧凑		
	丰富多彩，学生喜闻乐见		
	环境得体，烘托主题		
过程	学生参与度高，主体作用发挥好		
	过程循序渐进，符合认知规律		
	教师发动学生有方，指导有度		
效果	学生积极体验，情感共鸣		
	学生思维品质得到提升		

四、开发"Open 社团"，优化兴趣特长课程

为进一步激发学生学习英语的兴趣，培养听说和口语表达能力，发展个性，树立合作意识，展示英语才华，结合"让学生做学习的主人"的课程理念，学校开设"Open 社团"。"Open 社团"的开展满足了学生多元发展的需求，学生可以在社团中锻炼自我，展现风采。

（一）"Open 社团"的内容

"Open 社团"是以"让学生做学习的主人"为宗旨，为促进学生英语学习的兴趣、观察能力、思维能力以及个性等全面发展而开设，面向全体学生的英语学科社团。针对不同阶段的学生，分别开设不同的课程，以满足全体

学生的需求，如三四年级的课程以兴趣激发为培养目标，而五六年级的课程以培养能力为活动指南。社团活动的开展，旨在让学生学会观察、学会感受、锻炼思维和乐于思考，形成跨文化交际能力，发展英语学科核心素养。

（二）"Open 社团"的实施

"Open 社团"在活动的前期，由任课老师负责在本班召集团员，原则上每班不超过五人。活动时间定在每周三下午课外活动时间。"趣味英语"适用于三、四年级。在英语课程标准的指导下设计众多"有趣、实用"的生活、学习场景，开展各种丰富多彩的活动，寓教于乐，丰富学生英语课余生活，增长知识，开拓视野，激发学生开口说英语的兴趣，帮助学生克服普遍存在的"开不来口"的困难，培养学生的主动性和成就感。此活动目标为大胆开口、反复练习、寓教于乐、沟通无限。具体活动有你演我猜单词游戏、学唱英文儿歌、小故事配音和思维导图设计等等。"实战英语"适用于五、六年级。为了使学生进一步体验学习英语的快乐，通过情景教学等多种方法，提高英语语言表达能力，提升学生的文化思维能力，提素质，促发展。活动形式有单词听写比赛、英文短剧表演、英文作品欣赏（文章、诗作、影视等）、入乡随俗活动等。创设口语交流的氛围，把所学的英语知识灵活运用到真实情境中，乐于用英语表达。"Open 社团"的课程（见表 3-1-7）。

表 3-1-7　合肥市小庙中心学校"Open 社团"课程表

年级	活动内容
三、四年级 （趣味英语）	① 词汇——心有灵犀猜猜猜 ② 趣味——周唱一歌 ③ 文化——童话故事我会说 ④ 思维——故事"地图"我来做
五、六年级 （实战英语）	① 词汇——远亲近邻知多少（英语词汇的近反义词） ② 趣味——"舌灿莲花"绕口秀 ③ 文化——入乡随俗我会做 ④ 思维——自导自演小能手

（三）"Open 社团"的评价

"Open 社团"的开展满足了学生的多元需求，提升了学生的交际能力和合作能力。学生们在"Open 社团"的活动中展现自我、锻炼自我和提升自我。学校采用评价量表，对社团在活动前、活动中以及活动后三个方面进行评估。"Open 社团"评价量表（见表 3-1-8）。

表 3-1-8　合肥市小庙中心学校"Open 社团"评价量表

评价指标	评价标准	教师评	学生评
活动前	组织：社团有规范、健全的章程和活动场所。	A B C	A B C
活动前	管理：社团课程规划科学、合理。	A B C	A B C
活动前	团员：入团及退团程序规范，有成长档案。	A B C	A B C
活动前	活动：前有计划，中有资料，后有总结。内容科学，形式丰富。	A B C	A B C
活动中	人员：教师准时上课，学生按时出勤。	A B C	A B C
活动中	内容：科学、严谨、有意义、有价值。	A B C	A B C
活动中	流程：课程流程安排合理、课时安排恰当。	A B C	A B C
活动中	气氛：轻松愉快或激情热烈。	A B C	A B C
活动后	作业：检查进度和效度。	A B C	A B C
活动后	效果：掌握知识的程度。	A B C	A B C
活动后	反思：教学内容及活动流程的进步与完善。	A B C	A B C
活动后	教师：有理想信念、有道德情操、有扎实知识、有仁爱之心。	—	A B C
活动后	学生：有兴趣、有提升、有反思。	A B C	—

该方案从活动前、活动中及活动后三个维度，全方位的对社团活动进行评价。该活动为学生打造一个高效的学习平台，学生通过共同学习以及沟通交流，同学之间建立了友谊，切磋了学问，有利于他们的成长与发展。同时该活动也成为学校和学生沟通的载体之一，学校可以掌握学生的学习倾向，也有利于学校教育目标的完成。但社团活动仅影响了部分学生，学校可保留效果极好的活动，在全校活动日鼓励所有同学参与，将社团活动的效益最大化。

总之，"Open English"课程努力探索具备趣味性、丰富性、时效性的课程模式，突出学生的主体地位，以多种多样的教学方式，鼓励学生积极参与，从而促进学生的发展和课程建设的发展，逐步形成与新课程标准相适应的英语教学模式，促进学校教学模式和学生学习方式的转变。

（撰稿者：许强力）

第二节

怡趣英语：在学习中体验英语的乐趣

合肥市绿怡小学创建于 2004 年 9 月，坐落在风景旖旎、碧水灵秀的政务区天鹅湖畔，目前在校学生数 1 600 余名，80 名教职员工，32 个教学班。我们的英语教研组有五名全职英语教师，全部拥有学士学位，均为一级英语教师，具有良好的英语语言素质。唐萍老师的微课荣获"第十六届全国小学信息技术与教学融合优质课大赛"二等奖；朱传芳老师所撰写的英语教学论文获合肥市一等奖；吴丽霞老师执教的人民教育出版社六年级上册第五单元课例被评为安徽省级优课；朱传芳、吴丽霞老师被评选为蜀山区小学第四批英语骨干教师。我校英语组是一个充满活力、团结向上的集体，在学校领导的关心和帮助下，扎扎实实开展工作，积极探索，努力投身于教育教学研究和改革。我们依据教育部《关于全面深化课程改革落实立德树人根本任务的意见》《义务教育英语课程标准（2011 年版）》等文件精神，推进学校英语学科课程群建设。

学科课程哲学　为学生打造愉悦和充满乐趣的课堂

一、学科性质

根据《义务教育英语课程标准（2011 年版）》，在众多的外语课程中，英语是主要语言之一[①]。

[①] 中华人民共和国教育部. 义务教育英语课程标准（2011 年版）[S]. 北京：北京师范大学出版社，2012：1.

小学是学习英语的初始阶段，对于学生未来的英语学习非常重要。因此，我们力求创设轻松愉悦的学习氛围，让学生能够体验英语学习的快乐，保持英语学习的积极性与持续性，在英语语言的学习和运用中，扩展文化视野，丰富思维方式，乐于自我管理，积极运用和主动调适英语学习策略、逐步发展英语学科核心素养。

二、学科课程理念

我校英语学科课程在不断的教学实践中，依据小学生生理和心理特点，以及他们的认知发展水平和情感需要，我们提出以"怡趣"为核心的英语学科课程理念。"怡悦"和"乐趣"，即愉快、充满乐趣的英语学习。"怡趣英语"以引导学生快乐学英语、主动学英语为主，采用丰富多样的教学内容、灵活有趣的教学方式、多元有效的评价手段让学生充分感受英语学习的趣味和魅力。

有趣——孔子曾经说过：知之者不如好之者，好之者不如乐之者。语言在传统教学模式下的刻板印象就是枯燥乏味，所以很难有学生能真正持续地喜欢且主动地学习英语这门学科。"怡趣英语"的第一步，就是打破这种刻板印象，以多种形式的互动、寓教于乐的课堂活动取代填鸭式教学，让学生爱上趣味性十足的"怡趣英语"。

享受——语言的使用是非常重要的。通过学生与同伴间、家长们的互相交流，可以帮助学生对课堂上学习内容的记忆更加牢固，也可以增长学生的自信心。分享和合作能帮助学生学得更快，让学习更深入更牢固。通过"怡趣英语"课堂上欢快轻松的展示与分享，可以帮助学生养成在生活中分享展示英语学习成果的习惯并乐在其中。

总之，"怡趣英语"是"灵活"的英语，学生在英语实践活动中发挥思考和想象，展现潜能和个性，彰显才华和天赋。"怡趣英语"是一种"开放式"英语，旨在探索学生的学习和拓展能力，吸收新的语言知识和语用现象，跟上语言的发展和变化。"怡趣英语"是"能动"的英语，学生在英语实践活动中用思想感受词句的内涵，用智慧消除文化的壁垒，用情感领悟语言的魅力。

学科课程目标　让学生争做学习的主人

一、学科课程总体目标

依据英语课程标准，结合教材、教参和我校实际，我们将"怡趣英语"课程总目标分为：语言能力目标、思维品质目标、文化意识目标和学习能力目标。

1. 语言能力：语言能力的培养需要老师们对语言进行建构与运用，在不同主题的语言教学中逐步引导延伸，充分培养学生的英语思维能力，有效地促进学生英语素养的发展。

2. 思维品质：学习和运用语言与思维的发展密切相关，学习和运用语言的良性循环模式能够有效地促进思维的积极发展。

3. 文化意识：英语是一种重要的国际语言，只有了解与其紧密相关的社会文化背景知识，才能真正掌握和运用它。

4. 学习能力：培养学生的自主学习能力是英语课程教学的主要目标。学生具有较强的学习能力，可以引导学生从被动学习转变为主动学习，使学生真正成为学习的主人。

二、学科课程年级目标

依据《义务教育英语课程标准（2011年版）》分级目标，特制定"怡趣英语"课程的年级目标，下面，我们以四年级上学期为例，说明学科课程的具体目标（见表3-2-1）。

表3-2-1　合肥市绿怡小学"怡趣英语"四年级上学期课程目标表

单元	目　标
第一单元	共同目标： 1. 能够听、说、认读单词：classroom, window, blackboard, light, picture, door, teacher's desk, computer, fan, wall, floor。 2. 能够运用句型 Where is …？ It's in/on/under/near the … 询问并回答物品位置。 3. 能够掌握 a-e 的发音规则，能够读并且拼写出符合 a-e 发音规则的单词。 校本目标： 1. 学习礼貌言行，能够对请求、道歉等行为做出恰当反应。

续 表

单元	目 标
	2. 具有讲卫生、爱整洁的意识。 3. 能够根据 a 与 a-e 的发音规则拼读和拼写单词。
第二单元	共同目标： 1. 能够听、说、认读词汇：schoolbag, maths book, English book, Chinese book, storybook, candy, notebook, toy, key。 2. 能够听、说、读句型：What's in your ...? 并做出正确的回答。 3. 能够听懂并询问有关物品的颜色，做出正确的回答。 4. 能够正确使用上述单词描述书包里的物品。 5. 能够掌握 i-e 的发音规则，能读与拼写出符合 i-e 发音规则的单词。 校本目标： 1. 学习教科书名称，使学生了解教科书的重要性，并懂得爱护书本。 2. 了解 Hope School（希望学校），Lost & Found（失物招领）的意思。 3. 能够根据 i 与 i-e 的发音规则拼读和拼写单词。
第三单元	共同目标： 1. 能够听、说、认读单词：strong, friendly, quiet, hair, shoe, glasses。 2. 能够听、说、认读句型：What's his name? His name is ... 3. 能够在情景中运用所学句型询问他人的姓名或身份，并能描述人物的性格和外貌特征。 4. 能够掌握 o-e 的发音规则，能读并拼写出符合 o-e 发音规则的单词。 校本目标： 1. 能够了解外貌描述中的文化禁忌，如：不要对同学长得胖或戴眼镜等有歧视性语言。 2. 能够根据 o 与 o-e 的发音规则拼读和拼写单词。
第四单元	共同目标： 1. 能够听、说、认读单词：bedroom, living room, study, kitchen, bathroom, bed, sofa, phone, table, fridge。 2. 能够听、说、认读句型：Where is she? She's in the ... 3. 能够在情景中运用句型询问物品、人物的位置并做出相应判断。 4. 能够掌握 u-e 的发音规则，能读并拼写出符合 u-e 发音规则的单词。 校本目标： 1. 在生活中能够主动询问或对别人的询问给予热情应答。 2. 能够感受到家的温馨，从而激发学生爱家、爱家人的情感。 3. 能够主动收拾物品并摆放整齐，养成良好的生活习惯。 4. 能够拼读和拼写出符合 u-e 发音规则的单词。
第五单元	共同目标： 1. 能够听、说、认读单词：beef, chicken, noodles, soup, vegetable, chopsticks, bowl, fork, knife, spoon。 2. 能够听、说、认读和在情景中运用句型： What would you like （for ...）? I'd like ... 征求并表达用餐意愿。 3. 能够掌握-e 的发音规则，并能读写符合发音规则的单词。 校本目标： 1. 了解用餐礼仪，能够对用餐建议作出恰当反应，初步了解中西方餐饮文化的差异。 2. 能够根据 e 与 e-e 的发音规则拼读和拼写单词。

续表

单元	目标
第六单元	共同目标： 1. 能够听、说、认读单词：parents, cousin, uncle, aunt, baby brother, doctor, cook, driver, farmer, nurse。 2. 能够听、说、认读句型：询问家里有几口人及其工作情况。How many people are there in your family? ... Is this your ... ? Yes, it is. He's/She's a ... What's your ... 's job? He's/She's a ... 3. 能够按照意群朗读 Read and write 文段中的核心句型词汇。 4. 能够在语境中正确使用上述有关家庭成员和职业的单词或词组简单介绍家庭成员及其职业。 5. 能够掌握 a-e, i-e, o-e, u-e, -e 在单词中的发音规则，并能够对比掌握 a, e, i, o, u 的长、短音发音规则。 校本目标： 1. 能够体会并表达对家庭和生活的热爱之情。 2. 能够了解英语国家中家庭成员之间的称呼习俗。 3. 能够逐步做到见到符合 a-e, i-e, o-e, u-e, -e 发音规则的单词能拼读，听到符合发音规则的单词能够拼写。

学科课程框架 满足每一个学生的个性化需求

根据我校"画卷式"课程体系，我们将"怡趣英语"课程体系分为基础课程和拓展课程。

一、学科课程结构

依据英语课程标准，再结合我校基础课程：一、二年级以人教版小学英语（一年级起点）、三至六年级以人教版小学英语（三年级起点）教材为载体，落实国家课程。拓展课程以《小学英语课程标准》为依据，关注小学英语学科核心素养、结合小学生的发展特点以及我校学生的特质，从听唱歌谣、绘本阅读、口语交际、快乐习作、综合性学习五个维度，按年级分阶段设计课程。纵向来看，浅部和深部体现螺旋上升；横向来看，涵盖各年级五个维度的学习，训练听说读写，体现环环相扣。以下是本校"怡趣英语"课程结构示意图（见图 3-2-1）。

1. 听唱歌谣：主要教学对象为一、二年级学生，内容为欣赏并学唱英文歌曲歌谣，旨在培养学生学习英语的兴趣，提高他们的语言感知能力，为进

图 3-2-1 合肥市绿怡小学"怡趣英语"课程结构示意图

一步的英语学习打下良好基础。

2. 绘本阅读：主要教学对象为三年级学生，内容为书中识趣、书不释手、开卷有益、悦读分享、博览群书、知书达理，旨在提高学生英语阅读的能力和兴趣，掌握多种阅读方法，培养较为丰富的语言积累和良好的语感，提高感受和理解的能力，探索在英语课堂中引导学生在品读语句的过程中品味语言。

3. 口语交际：主要教学对象为四年级学生，内容为津津乐道、妙语连珠、言之有理、能言善辩、声临其境。目的是通过师生互动创设真实情境，练习沟通技巧，具备日常口语交际的基本能力，学会聆听、表达和交流，初步学习口语文明在人际沟通和社会交际中的应用。

4. 快乐习作：主要教学对象为五年级学生，内容为你说我写、乐写善思、妙笔生花、绘本飘香、多维习作。写作是英语语言技能之一，是运用语言和语言表达交流的重要途径，我们希望通过英语写作教学，使学生愿意写，乐于写，善于写。

5. 综合性学习：主要教学对象为六年级学生，内容为学来乐用、用以促学、学以致用、妙用善思、学用相长、知行合一。通过高年级的综合实践活动，帮助学生培养良好的个性和合作、分享、主动等沟通技能，提高学生综合运用语言的能力，培养学生收集和处理信息、发现和解决问题的能力。

二、学科课程设置

围绕"怡趣"的学科理念,我校设置了"怡趣英语"各年级段的课程(见表3-2-2)。

表3-2-2 合肥市绿怡小学"怡趣英语"课程设置

课程 学年	基础课程 校本/国家教材	拓展课程		
		识认听读	精品阅读	口语写作
一年级	人教版PEP 一年级起点	字母开花	绘本入门	你说我答
二年级	人教版PEP 一年级起点	畅听歌谣	图文并茂	悦读分享
三年级	人教版PEP 三年级起点	你说我听	书中识趣	妙语生花
四年级	人教版PEP 三年级起点	词语风暴	绘本飘香	津津乐道
五年级	人教版PEP 三年级起点	声临其境	书不释手	我写我秀
六年级	人教版PEP 三年级起点	绘声绘色	乐写善思	多维习作

学科课程实施 让课堂活起来,让学生动起来

"怡趣英语"基于学生的学习现状及需求,紧扣"让英语学习充满乐趣"的课程理念,致力于营造快乐课程。开展多样的英语学科活动,提高学生英语学习的主动性,用多维度的评价帮助学生改进学习策略,提高自主学习能力,从而培养学生的学科核心素养。基于此,我校英语课程建设将从以下四个方面进行实施:

一、建构"怡趣英语"课堂,彰显我校英语课程的主张

"怡趣课堂"是英语学科的特色课堂,致力于营造轻松愉悦的课堂氛围,尊重学生主体地位,在有趣的学习过程中提升学科素养。在新课程背景

下,"怡趣英语"应具有"趣味性"、"生活性"和"真实性"的特征。

（一）"怡趣英语"课堂的要义与实施

1. 趣：激发学生的学习兴趣。"怡趣英语"课程是我们校本课程的重要组成部分。在吸收新知识的过程中，学生不仅需要一定的意志力，还需要对整个学习过程感兴趣。巩固练习是帮助学生掌握新知识、形成技能、培养能力的重要手段。"怡趣英语"课堂的教学活动设计应该是有趣、合理、和谐的，采取多元化的教学活动，让学生在练习实践中乐于学习，消除学习疲劳。

2. 活：让课堂教学焕发活力，让学生活跃起来，让课堂灵动起来。在教学中要注意多种方法的有机结合，提高课堂教学效率，实现教学方法的全面优化。要创造性、灵活性地运用教材，整合和重组教材知识，深入处理教材，设计生动活泼的教学环节，促进怡趣课堂的自然生成。

3. 实：努力做到教学目标落实，教学内容充实，课堂训练扎实。教学过程中的各个教学环节应与教学目标相统一，活动设计应紧紧把握各个环节的教学目标，形式活泼，层次合理，组织有序。根据学生的实际情况和教学目标选择适当的内容，使学生能够接受课堂教学内容。课堂训练内容要注重学生基础知识的积累和巩固，练习要有目的、有层次、有重点并及时进行清晰的反馈，使学生能够通过趣味性的学习而有所收获。

总之，"怡趣英语"课堂要坚持倡导新理念，注重引导学生掌握新知识，通过有趣的活动、多样的练习促进学生的全面发展，落实教学目标。

（二）"怡趣英语"课堂的评价要求

依据"怡趣英语"课程的内涵，我们以量化的方式对课堂进行评价（见表3-2-3）。

表3-2-3 合肥市绿怡小学"怡趣英语"课堂评价要求

评价项目	赋分	评价指标		得分
趣	30	1. 教态亲切自然，善于与学生互动。	10	
		2. 多样灵活的课堂模式可以充分激发学生的英语学习兴趣，提高学生的英语学习能力。	10	
		3. 在教学过程中，学生积极参与英语学习和教学活动。	10	

续表

评价项目	赋分	评 价 指 标		得分
活	30	1. 教材处理全面科学，教材使用灵活，教学重难点突出。	10	
		2. 注重学生的参与，运用多种互动教学模式，体现语言与交际的实践性。	10	
		3. 语言形式与语言意义的有机结合，着眼于特定语境下学生语言能力的培养。	10	
实	40	1. 教学设计规范具体，实用教具和教材准备充分，操作易行。	12	
		2. 恰当的教学方法有利于学生学习和运用英语，符合教学内容的要求，能够激发和引导学生积极主动学习。	12	
		3. 有效利用时间，注重每个学生的发展，达到既定的目标。	16	

二、开展"怡趣英语"风采活动，展示英语学习风采

为了给学生提供一个展示英语学习风采的舞台，让他们秀出自己的个性化才艺，更加勇敢而自信，我们学校开展了"怡趣英语"风采活动。

1. "怡趣英语"风采活动的内容与实施。我校"怡趣英语"风采活动即学生通过自我表演、自我展示等途径，让学生在展示的过程中进一步激发英语学习兴趣，展示英语才艺，同时也让浓厚的英语氛围弥漫在学生的学习过程中。英语风采大赛通过话剧表演等方式，为学生提供才艺展示的舞台，凸显学生在英语学习生活中的创新意识和个性表现。师生即兴问答，让学生展示自己对生活的态度和英语学习的主张。英语风采大赛让学生在一动一静中品味说英语、学英语的乐趣，并将这种积极的态度传播给更多的同伴。

2. "怡趣英语"风采活动的评价标准。在"怡趣英语"风采活动中，我们从话剧表演、问答表现和才艺展示三个方面对参赛选手进行评价（见表3-2-4）。

表3-2-4 合肥市绿怡小学"怡趣英语"风采活动评价要求

评价类别	评价内容	得分
表演	1. 仪表仪态（1分） 2. 语音语调（1分） 3. 英文表达（2分）	
问答	1. 问题回答准确（1分） 2. 表达清晰流利（1分） 3. 内容充实（1分）	
才艺展示	1. 节目设计有创意，选手表现自然，充分展现风采（2分） 2. 英文运用得当（1分）	
总分 （10分）		

三、举办"怡趣英语"素养展评活动，提升语言的综合运用能力

"怡趣英语"素养展评活动是学生在前期课堂演讲与课堂总结积累的基础上开展的落实与提升，学生在怡然、愉悦的情境中学习英语，提高语言的综合运用能力。

1. "怡趣英语"素养展评活动的内容与实施。第一阶段时间为一个月，每节课中限定一位同学进行课前一分钟演讲和课后一分钟总结。演讲内容可以是课本话题、自我介绍、新闻刊物、电影书籍等，课后总结是将本节课的内容进行归纳提炼。活动月中，每位同学都有机会走上讲台，学生的表达能力在每节课的一分钟演讲和一分钟总结中得到有效的锻炼与提升。

第二阶段：每班挑选5位优秀学生进行英语素养展评。主要考察学生的英语演讲能力，在严格、规范的层层选拔中，让学生怡然快乐地学习英语，进一步落实学生的综合素养提升计划。

2. "怡趣英语"素养展评活动的评价标准。在"怡趣英语"素养展评活动中，我们从演讲内容、语言表达、流利程度、演讲技巧、仪表形象、时间把握、综合印象这七个方面对学生进行评价（见表3-2-5）。

表 3-2-5　合肥市绿怡小学"怡趣英语"素养展评活动评价标准

评价类别	评价内容	得分
演讲内容 （20 分）	1. 紧扣主题，充实生动，积极向上，记满分 20 分。 2. 有主题，但没有紧扣围绕主题，记 10 分。 3. 没有主题，内容低俗，记 0 分。	
语言表达 （20 分）	1. 语音语调规范，语言标准，句子流畅，词语正确，无明显语法错误，语言表达能力强，满分 20 分。 2. 个别发音错误、词汇使用不当或语法错误，得分在 10—20 分之间。 3. 一般语言能力，词汇或语法错误，得分低于 10 分。	
流利程度 （15 分）	1. 脱稿演讲，无发音错误，口语自然流畅，记满分 15 分。 2. 半脱稿，发音有个别错误，口语较为流畅，得分在 10—15 分之间。 3. 读文章，且有大量错误，得分在 0—10 分之间。	
演讲技巧 （15 分）	1. 表达生动，肢体语言和表演技巧运用得当，得分在 10—15 分之间。 2. 表达较生动，肢体语言和表演技巧运用较贴切，得分在 5—9 分之间。 3. 表达无感情，无肢体语言和表演技巧，得分在 0—4 分之间。	
仪表形象 （10 分）	1. 衣着整洁得体，仪表大方，得满分 10 分。 2. 衣着不整洁，未做到仪表大方，得分在 5—10 分之间。	
时间把握 （10 分）	1. 时间把握到位，得满分 10 分。 2. 时间未把握好，提前半分钟结束或超过半分钟结束，得分在 5—10 分之间。	
综合印象 （10 分）	由评委根据演讲者临场表现作出整体评价，满分 10 分。	
总分 （100 分）		

四、推进怡趣社团活动，增强跨文化意识

为了传承丰厚的文化底蕴，丰富我校怡悦少年的课余生活，给广大学生提供展示自我风采和相互交流的空间以及创作的园地，使学生在学习中创作、在创作中交流、在交流中成长，我校持续推进英语"怡趣社团"活动。

1. 英语"怡趣社团"的内容与实施。我们英语"怡趣社团"主要包括"惟妙惟肖"唱童谣、"绘声绘色"读绘本等。英语"怡趣社团"旨在通过英语歌谣学唱、西方节日熏陶、英文绘本赏析等方式让学生了解中西方文化差

异，增强跨文化意识。童谣社以"西方文化"和"西方节日"为主题学唱各种主题的童谣，让学生了解中西方文化的差异、西方节日的内涵及风俗人情，充实学生的文化储备。英文歌曲的学习以英文歌曲为切入点让学生感受英语语言的魅力，在享受音乐中熟悉单词，记住单词，并学会运用单词，让英语单词具有生命和活力。英语绘本俱乐部通过赏析英语绘本，观看温暖、励志的英文绘本，并互相交流读后感，让学生在英语语言环境中培养语感，学习地道的英语口语，并进行励志教育。在西方特色节日来临之际，我校英语教研组会以这些节日为主题，让社员们布置会场，准备面具，自制服装，并准备与派对主题相关的节目，让学生在西方特色节日派对中感受节日氛围，感知节日文化，提升英文素养。

2. 英语"怡趣社团"的评价标准。在英语"怡趣社团"活动中，我们从出勤、学习态度、课堂学习、朗读模仿、小组合作和兴趣作业六个方面对社员进行评价（见表3-2-6）。

表3-2-6　合肥市绿怡小学"怡趣社团"活动评价标准评价类别

评价类别	评价内容	得分
出勤 （10分）	1. 满勤，无一次旷课，请假次数3次以下，记满分10分。 2. 按时出勤，无旷课，请假次数超过3次，记8分。 3. 经常旷课请假，记0分。	
学习态度 （10分）	1. 每节课学习态度端正，勤学好问，积极向上，记满分10分。 2. 学习态度较为端正，上课不会走神，得分在5—10分之间。 3. 上课精神涣散，心不在焉，得分在5分以下。	
课堂学习 （20分）	1. 课堂积极举手发言，勤做笔记，课堂活跃，记满分20分。 2. 课堂学习比较机械，课堂活跃，得分在15—20分之间。 3. 课堂学习迟钝，注意力不集中，基本知识点没有掌握，得分0—15分之间。	
朗读模仿 （20分）	1. 朗读模仿能力强，善于学习，善于总结反思，无发音错误，记满分20分。 2. 朗读模仿能力较强，跟读过程中有少量发音错误，得分在15—20分之间。 3. 朗读模仿能力弱，有大量发音错误，得分在0—15分之间。	
小组合作 （20分）	1. 小组合作中表现积极，总能起到带头示范作用和积极影响，记满分20分。 2. 小组合作中表现不够突出，不能充分表达个人见解，得分在15—20分之间。 3. 小组合作中表现消极，对老师布置的话题敷衍应付，得分在0—15分之间。	

续 表

评价类别	评价内容	得分
兴趣作业 （10分）	1. 按时完成老师布置的兴趣作业且完成优秀，自觉主动的拓展相关作业，得20分。 2. 按时完成老师布置的作业，根据完成的质量，得分在15—20分之间。 3. 对布置的作业消极对待，拖交甚至不交，得分在0—15分之间。	
总分 （100分）		

总之，我校的"怡趣英语"课程旨在"怡然和趣味共生"理念的引导下，致力于通过开发和融合多种课程资源，激发学生学习英语的兴趣，拓展英语学习的领域，促进学生思维的发展。英语学科组全体老师通过确立共同的价值追求和建立合理的评价导航体系，保障了"怡趣英语"课程优化实施，使我们的教研有品、课程有质、教学有趣，使我们的学生在品质课程中体会到英语学习的乐趣。

（撰稿者：吴丽霞　巫俊　朱传芳　孙钱　唐萍　李梦云　谢娇艳）

第四章

结构与时序的联结

课程结构是课程各要素之间依据一定规律构成的组织形式，课程时序是依据课程结构进行课程教学的先后顺序。独特的课程结构和时序造就独特的课程功能，有利于课程的顺利实施。把握课程结构与时序的联结，厘清课程各要素之间的关系，进而形成有机的整体，将课程目标顺利地转化为教育教学成果，为课程寻求一种理想的生存状态，激发课程强有力的功能。

教育活动主要由教育者、学习者、教育资源等三大要素构成，而这三大要素都具有动态性和发展性。因此，由这些要素所构成的教育活动则具有一定的时间与空间上的定位和规律，教育活动中各个要素的内部以及各个要素之间的时空定位和规律我们称之为教育时序。我们只有把教育时序科学地融入到实际的教育教学活动中，才能在实施教育活动时使学生的身心得到健康协调发展。我们的课程设置其实就是时序过程，在横向和纵向上形成结构与时序的联结。在课程设置的横向分类上，是按照各学科的课程标准完成分类，并且贯穿整个学段，在各个学年段保持时序性。在课程设置的纵向布局中，结构与时序的联结体现在根据课程不同的年级与学期，按照一定的时序，合理设置课程。

　　在课程设置的横向分类上，课程的时序性及课程目标是课程结构整体设计的依据。一至二年级、三至四年级、五至六年级三个学段，分别有"学段目标与内容"，这体现了课程结构与时序的有机联结。以小学语文学科课程为例，"学段目标与内容"从以下四个方面提出了要求，即"识字与写字"、"阅读"、"写作"和"口语交际"。贯穿于整个义务教育阶段的重要的教学手段是识字和写字，识字、写字也是第一学段的教学重点。然而，每个学段对小学生的识字、写字要求则有所不同。朗读和默读也是各个学段的阅读教学的重点。各学段关于"有感情地朗读"的目标要求也不同，在教育教学中要加强对阅读方法的指导，让小学生逐步学会精读、略读和浏览。同时，重视写作与阅读及口语交际的联系，使得小学生在学习中把读与写、说与写有机结合，相互促进。

　　课程的纵向布局也体现了结构与时序的联结。课程纵向布局按照年级与学期设置，以利于小学生身心发展为依据，随着学生年级的上升，按照时序性，合理安排课程先后顺序，各个课程之间的有序衔接，就能使小学生通过各个课程的学习与训练，获得相应的知识与能力。以英语课程中阅读能力培养为例，按照国家课程标准对于英语阅读能力的要求，由起始年级的学生能在图片的帮助下读懂简单的小故事，到小学六年级学生能连贯、流畅地朗读课文，不同年级、不同学期，按照小学生的阅读能力的不同制定培养目标，按照结构与时序的联结要求，合理设置课程，在小学低年级设置趣味绘本馆、英语故事汇等课程，在中高年级设置主题系列阅读、美文品读会等课程，这些课程的设置体现了结构与时序的联结，这些课程设置的由易到难，对于小学生掌握相应的课程内容有很大的帮助。

诗意语文和精灵英语在横向和纵向上形成结构与时序的联结。在课程设置的横向分类上，能按照各学科的课程标准完成分类，并且贯穿整个学段，在各个学年段保持时序性。在课程设置的纵向布局中，结构与时序的联结体现在根据课程不同的年级与学期，按照一定的时序，合理设置课程。基于小学生智力发展特点，以及教育要遵循智力发展的阶段性，决定了课堂教学的时序性：小学生的身心时序、课程知识的逻辑序、教学过程的运行序。

诗意语文和精灵英语在教学时既遵循学习者的身心发展规律，让"适合小学生的教学"成为可能，又在课程知识的选择、组织与传递上符合知识的内在逻辑，并联结学生已有经验，让课程富有活力。诗意语文和精灵英语的课程结构与时序的联结，使得教师厘清教学关系，精心设计教学流程，合理地创设教学情境，让教学过程富有诗意，让小学生在学习中体验成功的快乐和美的遐想。

（撰稿者：朱继武　檀淑庄）

第一节

诗意语文：让诗词浸润学生生活

合肥市小庙中心学校语文教研组是本校最大的教研组，现有语文教师 37 人，小学高级教师 6 人，小学一级教师 12 人，小学二级教师 18 人，区级骨干教师 3 人，有着优秀的教师队伍和合理的人员配比。根据教育部《关于全面深化课程改革落实立德树人根本任务的意见》《义务教育语文课程标准（2011 年版）》等文件精神的要求，稳步推进我校语文课程群建设。

学科课程哲学　包罗万象融入生活的语文

一、学科性质

语文课程内容丰富，实践性强，在各个领域都有运用。小学阶段的语文课程就是让学生对祖国的语言学以致用，要吸收古今中外优秀的文化，只有提高思想文化水平，学生的个人修养才能提升，更有益于健康成长。

在这样的情况下，我们觉得，语文课程的核心价值是在包罗万象的生活中学习语文。诗词是最精练、最优美的语言，诗词是包罗万象的语言，让学生感受到诗词之美，将诗词浸润到课堂中去，融入到学生的生活中去。

二、学科课程理念

按照《义务教育语文课程标准（2011 年版）》文件要求，根据我校语文学科的实际情况，提炼出合肥市小庙中心学校语文学科课程群建设的核心理念:"诗意语文",即"力求让诗意浸润在学生生活的方方面面"。①

语文教育来源于生活,也在生活中广泛运用,教育家陶行知也认为生活里处处有教育。社会就是一个大学校,在社会学校里学习、在社会学校里实践。倡导在生活的各个方面去获取语文知识,在语文中感受到生活的诗意。课程的内容就是要来源于生活实践,还要根植于生活,语文教学就是要洋溢生机、迸发激情、充满诗意。

我校语文教研组根据"诗意语文"的课程群建设内涵,提出了"诗意语文"学科课程观。

"诗意语文"是对古典诗歌的继承和对民族传统文化的接受。"诗意语文"就是接受民族传统文化的熏陶,以经典诵读为基础,展现多元化阅读,不断探索和创新传统文化教育的内容与形式,开发与地区和学校、学生相适合的传统文化的语文课程。中国诗词源远流长,诗经、唐诗、宋词、元曲经典颇多,这些经典诗词能激发学生的兴趣,促使学生展开想象,唤起学生对古今中外经典诗词的喜爱,用诗词来教育学生,提高学生精神文化修养。

"诗意语文"是将诗意传播到课堂,浸润学生的精神世界。"诗意语文"以品味语言文字的书写美、表达美、朗读美等途径为抓手,通过丰富的书写体验、阅读体验、诵读体验等多种学习方式,使学生感受文字的美好与魅力,陶冶学生的高尚情操。

"诗意语文"是塑造人性之美的课程。语文既是生活的工具,也能丰富学生的情感,教育的最终目的是坚持育德为先,坚持以人为本,通过正确的、合适的教育方式去引导人、塑造人、改变人、发展人,让学生能够领悟人生的真谛,知天性,养人性,形成优秀的品格。"诗意语文"是陶冶内心情智的课程,是人性真善美的凝聚,它唤起了学生内心深处对于语文学习的渴望,点燃了学生自身的内驱力和自豪感,探索真、善、美的人性之本,人性之源。

基于上述课程理念,"力求让诗意浸润在学生生活的方方面面",我校语文课程在开发和实施过程中,尤其注重身边的语文知识拓展、渗透,让诗意

---

① 中华人民共和国教育部. 义务教育语文课程标准(2011年版)[S]. 北京:北京师范大学出版社,2012:1.

充盈着学生的生活世界。

学科课程目标　让学生感受语文诗意之美

课程目标根据三个方面来设计：过程与方法、知识与能力、情感态度价值观。设计课程目标是为了全面提高中国人的语文素养。为此，我们依据《义务教育语文课程标准（2011年版）》，确立学校课程目标是建构"诗意语文"课程体系。

一、学科课程总体目标

在语文学习过程中，要培养学生优秀的人格、培养学生的爱国主义、社会主义道德观、健康审美观、培养合作精神，形成正确的价值观和积极的人生态度，要认识中华文化的丰富内涵、要吸收民族文化的智慧。激发学生对祖国语文的热爱，学习语文要树立信心，养成良好的学习习惯，并掌握一定的方法。开发语言能力和思维能力并举，激发学生的想象力和创造力。积极进行探究学习，培养学生在实践中使用语文，有自主阅读能力，掌握各种阅读方法并能运用到日常生活中，根据需要进行写作；在与人交往时，倾听能力、口头表达能力过关，也学会用文明的方式进行人与人之间的社会交流；也能使用常用的工具书，查找和处理信息。

根据2011年公布的义务教育语文课程标准，从"语文素养"这一核心概念出发，我校语文课程目标分为显性课程目标和隐性课程目标。明确的课程目标包括五个部分：语言知识目标、阅读、写作、口语交际和综合学习。内隐课程的目标包括思维能力和审美品味。

二、学科课程年级目标

依据人民教育出版社编著的部编版《语文》教材和《义务教育语文课程标准（2011年版）》的要求，结合我校语文学科课程大方向、各学段的具体学情和细分目标，再根据学生的身心发展特点，我们设置了语文年级目标。下面，我们以五年级下学期为例，说明学科课程的具体目标（见表4-1-1）。

表 4-1-1　合肥市小庙中心学校"诗意语文"二年级下学期课程目标表

单元	目　　标
第一单元	共同目标： 1. 认识 44 个生字和 8 个偏旁，会写 28 个字和 1 个笔画。 2. 朗读课文，背诵《姓氏歌》。 3. 走进春天，感受春天的特点，探索春天的奥秘。 4. 了解偏旁的意义，区别形近字。 校本目标： 1. 晨读《百家姓》。 2. 图文并茂画一画你眼中的大自然。
第二单元	共同目标： 1. 会写 27 个认识的字，读准字音，认清字形。 2. 理解字词在语言环境中的意思。 3. 正确书写汉字并运用到口语和书面表达中。 校本目标： 快乐革命故事阅读。
第三单元	共同目标： 1. 认识 36 个生字、读准字音、看清字形，理解字词在语言环境中的意义。 2. 正确、流利朗读课文，读好"不"的变调。 3. 在阅读中主动积累词语。 校本目标： 1. 诵读金子美玲儿童诗，感受儿童诗的魅力。 2. 仿照金子美玲儿童诗学写儿童诗。
第四单元	共同目标： 1. 认识 48 个生字，读准 2 个多音字，会写 34 个字和 36 个词语。 2. 正确、流利的朗读课文，默读课文《枫树上的喜鹊》。 3. 能根据提示，看图发挥想象力，借助文字按时间顺序写下动物一天的经历。 校本目标： 诵读节日的古诗、童谣。和家人交流并背一背。
第五单元	共同目标： 1. 认识 41 个生字，会写 25 个生字和词语。 2. 分角色朗读《小马过河》，读出恰当的语气。 3. 能够说出"亡羊补牢""揠苗助长"两个成语的意思，用自己的话说出看到"我"画杨桃，老师和同学们的做法有什么不同。 校本目标： 总结归纳古诗词的朗诵方法。
第六单元	共同目标： 1. 认识本单元 44 个生字，会写 34 个字。 2. 可以在上下文中体会"压垂、挂"等词语的好处。 3. 能背诵《古诗二首》《雷雨》。 4. 能仿照课文，把自己对大自然的疑问写下来。 校本目标： 利用身边随处可见的广告牌、店名学识字，培养学生独立识字能力。

续表

单元	目标
第七单元	共同目标： 1. 会认 51 个生字，会写 33 个生字。 2. 正确、流利地朗读课文，并能读懂问句，能分角色表演《青蛙卖泥塘》。背诵《二十四节气歌》。 3. 写清楚自己想养小动物的理由。 校本目标： 听有趣的故事，并完整讲给家人或同学听。
第八单元	共同目标： 1. 会认 53 个生字，会写 34 个生字，理解 1 个多音字。 2. 正确、流利、有感情地朗读课文，能注意语气和重音。 3. 能注意说话的速度，让别人听清楚讲的内容。 4. 积累与快慢有关的近义词语，能选用词语说句子。 校本目标： 观察图片，并能通顺表达图片上的内容。

学科课程框架　建构诗意和谐的语文情景

"诗意语文"课程群的框架结构在我校分为延伸课程和基础课程。延伸课主要满足学生发展过程中的个体需要，使学生的专业能力得到提升，极大地挖掘学生的潜能。基础课肩负培养学生终身发展和适应未来社会发展需要的重任，那么提高我校语文教学质量尤为重要。

一、学科课程结构

"诗意语文"课程分为五大类：识写字、阅读、写作、口语交际和综合学习，相对应的课程体系为诗意汉字、诗意阅读、诗意写作、诗意交际、诗意实践。"诗意语文"学科课程结构图（见图 4-1-1）。

（一）诗意汉字

内容为一字开花、学有所用、说文解字。

旨在为学生能主动识字奠定良好的基础，培养学生主动认识生字的兴趣，提高学生的识字能力，让他们爱识字并能把所识字运用在日常交流中。

（二）诗意阅读

内容为书中识趣、开卷有益、博览群书。

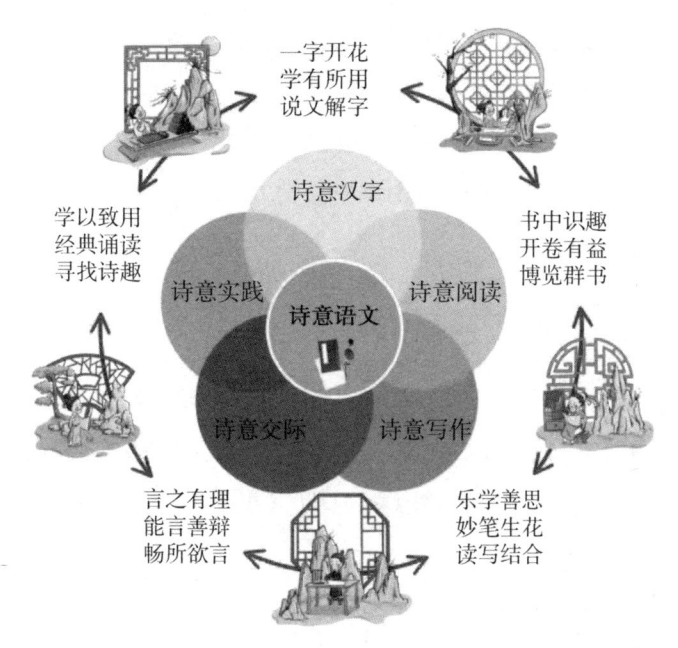

图 4-1-1　合肥市小庙中心学校"诗意语文"课程结构示意图

旨在提高学生独立阅读的能力和兴趣，学会运用多种阅读方法，积累较为丰富的语言和培养良好的语感，发展感受和理解的能力，探索在语文课堂中引导学生在品读语句的过程中体会语言的魅力。

（三）**诗意写作**

内容为乐写善思、妙笔生花、读写结合。

我们希望在写作教学中，激发学生愿意写，开心地写，善于运用阅读中所学方法，畅快淋漓地表达自己所见所闻，所思所想。习作就是学生对世界、自我、生活有所感悟，创造性地表达的过程。

（四）**诗意交际**

内容为言之有理、能言善辩、畅所欲言。

目的是通过师生之间的互动，创造一个真实的情境，练习交际技巧，具备日常口语交际的基本能力，学会聆听他人的发言，表达和交流自己的看法，初步学会运用口语交际，文明的和他人沟通和交流。

（五）**诗意实践**

内容为学以致用、经典诵读、寻找诗趣。

通过语言活动的综合实践，培养学生形成分享、合作等良好的品格，沟通技巧也会逐步提升，学生搜集、处理信息的能力越来越得心应手，培养学生发现问题和解决问题的能力。

在引导学生学习语文知识之后，更加体会到祖国语言的魅力。我们根据一到六年级学生的不同年龄特点和知识特点，整体规划了书目，有针对性地设定不同的主题。

二、学科课程设置

"诗意语文"课程从纵向上来看，由浅及深呈现出螺旋式上升；从横向来看，涵盖各年级五个维度的学习，在字词基础上进行听说读写的训练，体现环环相扣。我校设置了"诗意语文"课程（见表4-1-2）。

表4-1-2 合肥市小庙中心学校"诗意语文"课程设置表

学期	诗意汉字	诗意阅读	诗意写作	诗意交际	诗意实践
一上	趣味拼音	趣吟弟子规	一鸣惊人	我名我秀	勤于积累
一下	快乐识写	趣吟三字经	花开有声	故事在线	趣认人名
二上	巧记部首	声律启蒙	我手写我心	说说家乡	巧识植物
二下	趣记汉字	诗音绕梁	悦写悦精彩	心灵驿站	巧识动物
三上	生字开花	诗路花语	文苑拾粹	主持启明星	妙读春夏
三下	字里乾坤	朗读者	天生一对	欢乐剧场	妙读秋冬
四上	巧说汉字	诗海泛舟	名著我知道	金话筒	迁移运用
四下	汉字之源	雅诗雅韵	随笔荟萃	多种表达	活学活用
五上	汉字体验	日有所诵	诗画故事	畅猜灯谜	学用相长
五下	一字开花	书中识趣	乐写善思	言之有理	学以致用
六上	学有所用	开卷有益	妙笔生花	能言善辩	经典诵读
六下	说文解字	博览群书	读写结合	畅所欲言	找寻诗趣

学科课程实施 培养诗意课堂的学习过程

"诗意语文"通过多种途径，促进课程从一年级到六年级全面实施，在不同的学习阶段，针对学生学习特点，安排了不同的课程，从不同的角度，让学生系统地学习语文，从而培养学生的语文能力，提高学生的语文素养，激发学生学习语文的热情。由浅入深，层层深入。

一、打造"诗意课堂"，夯实语文课堂根基

小学"诗意课堂"是夯实语文基础的课堂，学习汉语拼音、识字写字、多元阅读、语言表达、写作指导、综合运用等内容。通过课堂教学、课外阅读和微课程等方式来发展学生的思维，提升学习能力，落实语文课程目标，体现语文学科"力求让诗意浸润在学生生活的方方面面"的课程理念。教师应让课堂充满诗意，学生应该处处看到、听到、读到诗意。

（一）"诗意课堂"的实践与操作

只有充满情感的语文课，才有学生融入诗境。如何创造诗意的语文课堂？阅读篇章中展示语文课堂诗意魅力，"三分文七分读"，一节语文课，如果没有洪亮的、有节奏、有感情的读书声，那它是奔不远，飞不高的。所以语文教学应大量朗读，充分表达，读写结合。但是，如何阅读，如何说话，如何写作是我们的老师应该思考的问题。这不是枯燥地阅读，写作也不是机械地、重复地写，说话也不是一味模仿。语文学习离不开坚持阅读。古典诗词需要大量的朗诵和阅读。没有必要在教室里进行复杂而冗长的设计。教师应善于引导学生通过各种形式朗读出诗味。在自我阅读的过程中，可以引导学生细嚼慢咽，在阅读中多走几个来回，不多一个字，不少一个字。通过课堂上的自主阅读、小组阅读和精读，使学生逐渐认识和理解文章，形成正确的语感和丰富的语言，提高语言表达能力。教师在课堂上对文字的理解，都应回归到学生的生活之中，成为学生最美好的体验，指导学生诗意的生活。

（二）"诗意课堂"的评价标准

评价标准不仅有甄别、监控、鉴定等功能，更有诊断、导向、激励等作用，因此，教学评价已成为优化教学管理、提高教学质量、促进师生发展、推进教学改革的关键因素。所以，建立评价标准，优化教学评价具有非常重要的意义。由于评价对象的复杂性和评价主体所依据的价值的多样性，优秀学生的标准往往是不同的。但在差异中又有共性，抓住影响教学有效性的核心要素，制定最基本的衡量标准还是可能的、可行的。现代教学本质上是老

师组织学生依据课程计划和发展目标进行高效学习的过程。因此，审视课堂优劣，确立评价体系。

学习评价，采用积极多样的方式，重在激励、重在引导、重在督促，重在鼓励学生自我评价、自主发展。必要时，实施延迟反馈。教师应以饱满的热情投入教学中，把关注点始终放在学生的学习上，专业素养过硬，尤其是教态亲切、自然，表达明晰、流畅，板书完整、精美。

二、举办"诗意语文节"，激发学生学习兴趣

"诗意语文节"是我校落实语文课程方案的重要举措之一，语文学习应以深厚的生活和精妙的阅读为基础，创造出诗意，语文学科是其他所有学科学习的基础，语言文字所蕴含的深厚的中华文化和润物无声的育人功能是其他任何事物所无法替代的。为此学校特别组织了"诗意语文节"，它是为了激发学生的学习兴趣，让学生关注语文，让"诗意语文"融入生活的方方面面。"诗意语文节"的建立，不仅能促进语文课程教育的提高，更对学生的语文综合素质的提高带来极大好处，无形中激发了学生学习语文的兴趣，体验到学习的快乐与幸福。

（一）"诗意语文节"的实践与操作

在"语文节"上一年级带来《二十四节气》，在学校的一楼文化墙上展示古老的农事历法。二年级带来汉乐府《长歌行》，三年级带来盛唐孟浩然《春晓》，四年级带来宋代欧阳修《采桑子》，五年级带来朱熹《偶成》，六年级带来伟大领袖毛泽东《沁园春·长沙》，之后是两位老师朗诵海子的诗歌《面朝大海，春暖花开》，让开幕式达到高潮。

紧接着，全校开始硬笔书法初赛。为了促进学生良好书写习惯的养成，传承传统文化，营造校园文化建设氛围。每班选出五名优秀学生代表参加复赛。比赛现场，古琴声声，悠远流长，参赛者们个个满怀激情、神情自若，握笔正确，坐姿端正，用心书写每一个汉字。老师们从写字姿势、书写笔画笔顺和卷面三方面情况综合评估，挑选出优秀作品展览。

我校语文老师研发经典诵读校本课程，学生日常的早读，课前、大课间都会进行吟诵，为了检查大家的学习成果，这次"语文节"人人参与过关经典诗词吟诵。古诗词，中华文化的明珠，我们徜徉在古诗词的"长河"中，

知识得到极大的丰富。

（二）"诗意语文节"的评价

一个好的活动实施，必须有一套系统的评价方案与之配合，才能使其发挥出最好的作用。"诗意语文节"的评价内容分为五大类别（见表4-1-3）。

表4-1-3 合肥市小庙中心学校"诗意语文节"评价量表

评价项目	评价内容	得分
活动开展 （20分）	1. 活动内容生动有趣，体现人文性，能激发学生参与的热情。 2. 活动贴近生活，具有创新性。 3. 活动针对性强，学生的能力得到提升。	
内容丰富 （20分）	1. 符合新课标要求。 2. 知识具有一定的拓展性，学生在积极参与活动的同时，能扩展和丰富自己的知识。	
学生表现 （20分）	1. 在活动中，充分发挥学生的主观能动性。 2. 能根据活动的要求，使学生知识丰富，情感满足。	
活动效果 （20分）	1. 整个活动平稳进行，各环节紧密衔接。 2. 学生不仅可以通过活动使自己各方面的能力得到提高，老师也可以在活动中有所收获。	
人文情怀 （20分）	1. 学生通过活动的开展，体会中华文化的博大精深，增强民族自信心和自豪感。 2. 通过活动的开展，帮助学生树立正确的人生观、世界观和价值观，从而更好地弘扬中华传统优秀文化。	
综合评价		

三、开设"诗意社团"，享受快乐校园生活

"诗意社团"旨在弘扬中华文化传统，传诵经典，增加学生文化底蕴，深入推进素质教育。同时也能打造校园诵读国学氛围，丰富校园生活，为学生提供一个学习体验的平台。

（一）"诗意社团"的实践与操作

"诗意社团"的活动宗旨有以下三个方面：一是传承中华文化。与贤圣交朋友，与经典同行，体会汉字的魅力，美化心灵。二是陶冶性情品德。在阅读中融入细腻、豁达的气质，培养自信和坚强的个性，以及诚信的品质。三是推进素质教育。读经典名句，修心养性，吸收营养，发展心智，全面提

高学生的思想道德素质、文化素质和智力素质。

"诗意社团"活动注意以下三个方面：一是熟读成诵，快乐积累。中国传统文化经典是高度浓缩和相互关联的智慧思维体系，包括大量关于生命、世界乃至神秘宇宙的智慧思维和行为方式，是古人真实而深刻的生命体验。当然，经典跨越历史的长河，毕竟与现代社会相隔久远，难免存在一些糟粕。我们要以辩证的眼光去了解，去学习。诵读，强调"口诵心惟"。"诵读"不仅是通过嘴巴读出，还包含着大脑丰富的思维活动，学生的情感也能通过"诵读"来传送，阅读就是艺术的再创造。它利用眼睛、嘴巴、耳朵、心脏和大脑，将无声的书面语言转化为口语。语言是在反复的实践中形成的习惯，学生时期养成的良好习惯是牢固的，很难改变的，诵读无数次，其意义也不言而明了。二是实施快乐学习法。教师指导学生熟读，让学生在默读、轻读、小组读、齐声读、开火车读、范读、听录音读等多种形式中自然而然地熟读成诵。三是学习氛围的营造，浓郁的书香气充满着校园。班级精选古今诗文，每周老师写一首诗在学校门口展示，名言警句贴在楼道、橱窗。在校园广播、布告栏、板报、电子告示牌等地方开辟国学经典诵读栏目，让学生总是沐浴在其中，得到熏陶、感染、渗透。

（二）"诗意社团"的评价

为了规范社团发展，充分调动学生的积极性和创造性，加强社团工作的制度化和规范化，使社团朝着更高的水平、更高质量的方向发展，学校社团评比考核的具体规定如下：一是安全管理。负责老师要及时到位，不缺勤。活动安全得到有力保障，未发生安全事故。每次活动统计学生出勤率，及时联系未到学生。二是材料管理。活动点名及时，社团名册记载详实。活动前有详实的计划，活动后有规范的记录，活动的主题、内容和形式有创新。社团活动计划合理周密具体可行，每次社团活动有备课，每次备课中内容详实，每次社团活动有书面总结、反思。三是活动管理。活动形式多样，内容丰富，学生满意度高。对学生进行调查，调查学生对活动开展的喜爱程度。学校开展的各项活动要积极配合，落实工作具体到位。每学期能组织一次展示活动，并向学校考核组开放活动，有条不紊进行，活动时间安排合理，能成功地完成活动，达到预期效果活动的气氛热烈，社员热情参与，通力合作。

四、拓展"诗意研学",拓宽语文学习视野

"诗意研学"是对课堂教学实施路径的延伸和拓展,这样的课程生动有趣,让学生有更多的机会观察了解自然、社会与人。结合当地资源的优势和我校课程的特点,形成一个独特的"诗意研学"之旅程。

(一)"诗意研学"的实践与操作

"诗意研学"注重开发家长及学校周边资源,遵循"寓教于乐、润物无声"的原则,多利用假期、课余时间以班级或学习小组为单位实施,充分利用"听、观、触、演、说"等不同的感官形式进行浸润式教育。带领学生走进安徽省博物院,来到三国遗址公园,感受公园的四季之美,观察动物园小动物,让学生感受身边的语文,感受家乡文化。

(二)"诗意研学"的评价

"诗意研学"评价主要从内容设置的合理性、评价标准的科学性、课程成果的有效性三个方面进行评价(见表4-1-4)。

表4-1-4 合肥市小庙中心学校"诗意研学"课程评价表

评价维度	评 价 要 素	评价结果
内容设置	1.内容包含学科知识、旅行小知识、人生智慧等要素。2.内容设计满足学生好玩、易动的天性。3.小学阶段多以乡土、乡情研学为主,根据地域特点,选择适合学生出行的场所。	
考核方法	1.考核方式既个性化,又灵活多样,侧重发展性评价和过程性考核。2.考核以图片展示、书面感悟、口头表达等表现性评价为主。	
研学收获	1.学习态度积极。认真参与每一次研学旅行活动,有求知的欲望和好奇心,努力完成自己承担的学习任务。2.学习方法多元。能用多种途径获得信息能够独立思考,善于和同伴合作学习,解决问题。3.学习收获丰富。通过自己喜爱的多种形式完成记录,能够清晰明了、重点突出地表现研学收获。	
评价结果分为三个等级,优秀,良好,待努力。		

总之,"诗意语文"是小庙中心学校的语文教育追求,课程建设是一个循序渐进的发展历程,我们积极借鉴优秀学校的宝贵经验,让诗意浸润学生生活。

(撰稿者:檀淑庄)

第二节

精灵英语：让英语跳动如精灵

合肥市新城小学前身是合肥市新城学校的小学部，2007 年建校。因区属学校布局调整，原中学部于 2016 年整体迁出，学校更名为合肥市新城小学（以下简称新城小学）。学校历年来都保持着 4 位英语教师，师资虽然不足也有变动，但是大家的理念一直没变，在延续。

几年来，新城小学英语教师在教育教学实践中持续关注小学生的个体差异和不同的学习需求，竭力保护小学生的好奇心和求知欲。同时，新城小学英语教师严格按照国家英语课程提出的标准规划，将学习与发展作为英语课程教学的出发点和归宿。教育部《关于全面深化课程改革落实立德树人根本任务的意见》以及《义务教育英语课程标准（2011 年版）》是新城小学"智慧城"课程和"精彩教育"办学理念的基础和蓝本，在教育教学和师生共创中积极推进了新城小学的英语学科课程方案的建设。

学科课程哲学　自主乐学趣学英语

一、学科性质

《义务教育英语课程标准（2011 年版）》（以下简称《标准》）指出，"工具性和人文性统一的英语课程有利于为学生的终身发展奠定基础。"[①] 在

---

① 中华人民共和国教育部. 义务教育英语课程标准（2011 年版）[S]. 北京：北京师范大学出版社，2012：1.

我校日常的小学英语教学过程中我们希望小学生能够积极主动地参与英语学习，通过英语学习提升小学生的综合素养。因此，新城小学英语组将小学英语学科课程理念定位为"引导小学生自主学习英语成为聪明灵动的精彩少年"，关注英语学习过程，关注英语学科本身，提升英语素养，为学生的终身发展奠定基础。

从工具性的角度看，小学英语课程在培养小学生基本的英语素养和发展小学生的思维能力方面有着重大的意义。小学生通过小学英语课程的学习，能够掌握英语的基础知识和发展英语的基本技能，使小学生初步具备用英语与他人交流的能力，以期促进小学生思维能力的发展。从人文性的角度来看，我们的小学生通过英语课程学习，既能丰富他们的生活经历，又能开阔他们的视野，进而使他们形成跨文化意识。小学生通过英语文化知识的学习，使之与我国汉语文化知识进行对比，能提高小学生的爱国主义精神。我们教师只有在教学过程中把英语课程的工具性和人文性相统一，才能为小学生的终身发展打下坚实的基础。

二、学科课程理念

我校英语教师在不断的教学实践中，发现小学生自我学习的能力需要加强培养，并且发现小学生的自我学习能力对其他学科学习以及终身的学习和发展有很大的帮助。小学生在自我学习的过程中，也体验到英语学习的乐趣，自主乐学、趣学英语，促进思维的发展，让自己聪慧起来，灵动起来。因此，我们提出了以"精灵英语"为核心的小学英语学科课程理念。

1. Self-educated：我校低年级英语课程力求促进小学生自主拼读和阅读英语能力的提升，在此基础上，鼓励高年级小学生自主预习、自主学习国家英语课程及本校的英语学科课程，以期逐步地培养小学生的自学能力，同时提高小学生英语学习的综合能力，如：听、说、读、写、演等。这种在英语学习中培养起来的自主学习能力，将会促进小学生的不断成长，成为他们学习和发展其他学科知识的巨大助力。

2. Sweet：引导小学生自己积极主动地学习英语，使他们在学习英语的过程中逐步体会到英语学习的乐趣和获得成功的甜蜜，使小学生快乐地学习英语。让小学生在享受英语课程学习的过程中，逐步地提升自己的英语学习的兴趣，丰富自己的英语语感。在小学英语课程的设计过程中，注意结合不同年龄段小学生的兴趣和爱好，以及语言学习的发展规律，激发小学生的学习内驱力，使小学生爱上英语学习，而不是让小学生被动地把英语学习当做一种任务，没有自主学习的热情。

3. Smart：引导小学生在学习英语课程的过程中，不但能体会到英语学习的乐趣，而且能逐步发现英语学习的规律，掌握英语学习的策略和方法，促进小学生思维的发展及综合能力的提高，使学生成为聪明灵动的精彩少年。

总之，"精灵英语"课程的理念是让学生在英语学习的过程中培养自主学习的能力，并且体验到英语学习的成功与甜蜜，使之爱上英语学习，最终促进学生的思维发展，引导学生自主学习英语成为聪明灵动的精彩少年。"精灵英语"课程理念是这三个方面相辅相成，互相促进，缺一不可，它们共同引导我们培养我校的"精彩少年"。

学科课程目标　让学生体会中外文化的和而不同

我校依据我国小学英语课程的总体设计思路，对小学生进行英语学习培养，以提高小学生英语的综合语言运用能力。英语组教师根据小学生学习英语语言的规律和小学生的发展需求，将我校小学英语学科课程的总目标和分级目标划分为五个方面：语言技能、语言知识、情感态度、学习策略和文化意识等。

一、学科课程总体目标

依据《标准》，"精灵英语"课程总目标为：培养学生英语学习的多方面技能，增强学生的自然拼读意识，增强学生的语感，提高学生对英语篇章的阅读速度和理解的准确度，培养学生的跨文化意识，让学生从中体会中外文化的和而不同，逐步培养他们的英语自学能力，促进学生的思维发展。具体划分如下：

1. 语言能力目标。在学会自然拼读的基础上，逐步培养学生的英语语感，促进学生听、说、读、写、演等综合语言技能的提高，让学生敢于用英语进行真实的交流和表达，并且掌握一定的阅读技巧，培养学生在阅读中获得有效信息的能力，并最终培养学生自主阅读的能力。

2. 情感态度目标。我校英语组教师在实际的小学英语教学中发现，以兴趣、动机、自信、意志和合作精神为主导的情感态度，对小学生的学习过程和学习效果影响很大。我校英语组教师在英语教学的过程中注意中西方文化的对比，从小培养小学生的爱国意识，以此来促进小学生的英语学习。在"精灵英语"课程实施过程中，让小学生爱上学习英语，让小学生享受英语学习所带来的幸福和甜蜜，是我们设计课程的出发点。所有小学英语课程的学习，我们都希望能够激发小学生学习英语的兴趣，让小学生主动地爱上英语学习，培养小学生乐观、积极、向上的学习心态，通过英语学习培养小学生对世界各国文化等方面的好奇心，打开一扇乐于与家人、朋友以及世界交流的窗户。

3. 文化意识目标。文化，渗透于我们生活中的各个方面，然而目前小学教学极其缺少对于文化知识的系统教学。通过"精灵英语"的学习，小学生能够较系统地了解世界各国的国旗、传统文化、特色服饰、饮食文化、标志性的景点等内容。让小学生通过"环球英语社""西方文化之旅"等课程的学习，对中外文化进行对比，加深对祖国传统文化的热爱和认同；同时也能使小学生初步了解西方的一些礼仪、文化，扩展小学生的国际视野，培养小学生跨文化交际的能力。

4. 学习能力目标。"精灵英语"课程的实施，让小学生在英语学习的过程中，逐步培养自己积极主动的学习能力。我校英语教师在培养小学生自己积极主动的英语拼读能力和培养小学生自己积极主动的阅读能力方面下功夫，使小学生在学习英语的过程中，发现英语学习的规律，轻松地学习英语，最终提高小学生的积极主动地学习英语的能力。同时培育学生积极参与、乐于合作、敢于表达的精神，在学校开展的各个课程学习中，体验成功的喜悦和甜蜜。

二、学科课程年级目标

基于学科课程总体目标，依托"精灵英语"课程理念，确立学校三年级上学期的英语课程目标（见表4-2-1）。

表4-2-1 合肥市新城小学"精灵英语"三年级上学期课程目标表

单元	目标
第一单元	共同目标： 1. 能听懂，会说本单元的重点句型，并能运用于实际情景中。 2. 能听、说、认读本单元所呈现的文具的英文单词，并能用英语简介文具。 3. 能听懂、理解本单元呈现的英语指令。 4. 会唱两首歌曲。 校本目标： 1. 能用英语做自我介绍，会用打招呼和道别的英语日常用语。 2. 掌握有关文具的单词。 3. 了解教师节的有关知识的英语表达，教育学生尊敬师长。
第二单元	共同目标： 1. 能听懂，会说本单元的重点句型，并能运用于实际情景中。 2. 能够听、说、认读本单元所呈现的身体部位的英语单词，并能介绍自己的身体部位。 3. 能听懂、理解本单元呈现的英语指令。 校本目标： 1. 掌握上午、中午、晚上的打招呼用语。 2. 学会如何用英文介绍别人。 3. 结合科学知识，对身体的构造，有简单认知。 4. 了解西方节日的知识。
第三单元	共同目标： 1. 能听懂，会说本单元的重点句型，并能运用于实际情景中。 2. 能够听、说、认读有关颜色的英语单词，并能用英语说出身边事物的颜色。 3. 能听懂、理解本单元呈现的英语指令。 4. 能听懂、会说本单元所呈现的称赞他人的感叹句，并能恰当地运用于实际情景中。 校本目标： 1. 掌握问候语的正确使用。 2. 了解不同国家国旗的颜色。
第四单元	共同目标： 1. 能听懂，会说本单元的重点句型，并能运用于实际情景中。 2. 能听、说、认读本单元所呈现的动物的英语单词。 3. 能听懂、理解本单元呈现的英语指令。 校本目标： 1. 掌握表达自己拥有某物的用语。 2. 了解不同国家的国宝名称。 3. 了解动物保护的有关知识，爱护小动物。
第五单元	共同目标： 1. 能听懂，会说本单元的重点句型，并能运用于实际情景中。 2. 能够听说、认读有关食物、饮料英文单词，并在生活中应用。 3. 能听懂、理解本单元呈现的英语指令。 校本目标： 1. 让学生能用英语表达自己喜好以及为别人提供服务的语句。

续 表

单元	目 标
	2. 认读食物、饮料的单词。 3. 了解中西饮食文化方面的一些知识和餐桌礼仪。
第六单元	共同目标： 1. 能听懂、会说本单元的重点句型，并能运用于实际情景中。 2. 能听说、认读1—10的数字单词和本单元所呈现的实义词。 3. 能听懂所接触的指示语，并能按照指令做出相应的动作。 校本目标： 1. 掌握询问别人年龄和某物数量的问句。 2. 了解不同国家的幸运数字。

学科课程框架 构建轻松有趣的英语学习环境

我校英语学科课程以"精灵英语"为核心的英语学科课程理念，构建轻松有趣的英语学习环境，分别是 self-educated，让小学生在"精灵英语"课程学习过程中培养起来的自主学习能力，伴随小学生一生的学习成长过程；sweet，在"精灵英语"课程教学中激发小学生的学习内驱力，让小学生爱上英语学习； smart，在"精灵英语"课程的教与学中促进小学生思维的发展及综合能力的提高，使小学生成为聪明灵动的精彩少年。

一、学科课程结构

我校将"精灵英语"与我校英语阅读课程课程为依托，形成包含自主学习为核心的英语课程（见图4-2-1）。

自主听说
英文韵律儿歌、拼读小英语
快乐口语角、电影趣配音
英语talk悦show

乐趣悦读
趣味绘本馆、英文故事汇
小小朗读者、主题系列阅读
美文品读社

精灵英语

精灵英语社
英文歌唱社、英语小剧社
环球英语社、英语小作家
西方文化旅

图4-2-1 合肥市新城小学"精灵英语"课程结构示意图

具体表述如下:

1. 自主听说。听和说是人们使用英语进行交际的重要语言技能,小学生学习英语离不开多听和多说。小学生多听原版英文歌曲和英文故事,大量的语言输入,对培养小学生的语感有着重要的作用。我校英语教师在小学生多听英语的基础上,积极地鼓励小学生进行实际情景的对话。小学生通过大胆地说,用英语在真实的情景中表达情感,进行交际,从而做到学以致用。根据学生语言发展和情感需求的不同,我们把三到六年级课程做了如下由易到难的设计:英语韵律儿歌、拼读小英语、快乐口语角、电影趣配音、小小演讲家和英文 talk show。

2. 乐趣悦读。我校英语教师们为学生提供英语绘本、英语小故事、英语美文等大量的英语阅读资源,以保证乐趣悦读课程的实施。"精灵英语"课程的阅读课程,由易到难,主要依托人教版英语教材和牛津英语树等分阶读物,系统地培养小学生的阅读兴趣、习惯以及阅读的技巧,让小学生爱上英语阅读,在英语阅读的过程中,获得英语学习的乐趣和成功的体验。三到六年级课程依次是趣味绘本馆、英语故事汇、小小朗读者、主题系列阅读和美文品读会。

3. 精灵英语社。精灵英语社主要是通过开设英语社团课程,对学生的听、说、读、写、演等方面的语言技能进行综合的培养。鼓励小学生积极地参与社团活动,大胆地表达,勇于合作,并对小学生的跨文化交际能力进行培养。主要根据各年级学生的兴趣爱好作为课程设置的出发点,让学生在一个充满欢笑和乐趣的学习过程中,提高英语学习的语用能力。三到六年级课程依次是英文歌唱社、英语小剧社、西方文化旅、礼仪小达人、环球英语社和英文小作家。

二、学科课程设置

围绕"引导学生自主学习英语成为聪明灵动的精彩少年"的学科理念,除基础课程外,我校设置了"精灵英语"各年级的课程(见表4-2-2)。

表4-2-2 合肥市新城小学"精灵英语"课程设置表

学年(学期)	课程类别	自主听说	乐趣悦读	精灵语社
三年级	上学期	英语韵律儿歌	趣味绘本馆(1)	英文歌唱社(1)
	下学期	拼读小英语	趣味绘本馆(2)	英文歌唱社(2)

续 表

学年（学期）	课程类别	自主听说	乐趣悦读	精灵语社
四年级	上学期	快乐口语角	英语故事汇（1）	英语小剧社（1）
	下学期	电影趣配音	英语故事汇（2）	英语小剧社（2）
五年级	上学期	小小演讲家（1）	小小朗读者（1）	西方文化旅
	下学期	小小演讲家（2）	小小朗读者（2）	礼仪小达人
六年级	上学期	英文 talk show（1）	主题系列阅读	环球英语社
	下学期	英文 talk show（2）	美文品读会	英文小作家

学科课程实施　探索趣味英语的学习之路

"精灵英语"课程，依据学科课程理念、课程目标、课程设置，结合学校现状，探索趣味英语的学习之路，从以下四方面设计实施和评价，即："精灵课堂""精灵英语节""精灵英语社""精灵美文悦读节"，激发小学生英语学习的兴趣、培养小学生的英语学习的方法和思维，拓展小学生的文化视野，发展小学生的跨文化交际意识和能力。

一、"精灵课堂"

（一）"精灵英语"的概念

"精灵英语"课堂教学遵循英语语言发展规律，教师在课堂上进行全英语教学，同时注意体现小学生的主体性与创造性。我校英语教师在英语课堂教学过程中积极地探索如何培养小学生积极主动地学习英语的能力，如何发展小学生的思维，如何指导小学生积极地进行合作学习，如何培养小学生积极主动地进行阅读的能力。我校英语教师在英语课堂教学中对我校现使用的人教版《英语》（三年级起点）教材进行整合教学，设计课后作业，小学生自编小故事或"Draw and Write"等，通过组织、整理所学英语语言知识，达到消化吸收并运用的效果。

"引导学生自主学习英语成为聪明灵动的精彩少年"是"精灵英语"课堂实施的主要目的，但如何评价学生的英语学习水平也是我们关注的重点内容。我们学校英语教师从形成性评价和终结性评价两个方面去检测小学生英语学习的效果，以促进小学生的学习英语的积极性。

（二）"精灵课堂"的实施

1. 每周一次阅读评比。让学生准备一本"Book Review"，把一周的校本阅读内容的学习情况进行记录；把一周所读的有关英语的文章、故事等作笔记或剪辑。教师每周评价一次，并在学期末开展一次英语课外阅读量的评比。

2. 每月一次学习测试。学校把选用的校本阅读材料纳入到学校每月常规学科测试的必测内容。

3. 配置学生自由阅读、评价栏。利用学校校园的英语故事廊、英语阵地，展示学生在各项英语活动中的优胜作品，如手抄报比赛、英语连环画制作竞赛、英语阅读剪报竞赛、英语阅读读后感等项目的优胜作品，这是学生心目中阅读成果的最佳展示方式。

4. 我校在每学期期末评比"英语学习之星""英语进步之星"等，对学生进行鼓励。

（三）"精灵课堂"的评价

"精灵课堂"以课堂教学为主，充分利用课外资源，充分发挥评价的作用（见表4-2-3）。

表4-2-3　合肥市新城小学"精灵课堂"评价表

评价项目	评 价 标 准	等级 A	等级 B	等级 C
学生自学能力	自主学习英语的意识和能力有所加强			
课程目标	目标清晰、明确			
	知识目标、能力目标和情感目标内容具体			
	考虑学生接受能力分层的因素，贯彻因材施教的原则			
课程内容	教材框架清晰、内容完善层次分明			
	教学思想与时俱进			
	优化教学过程，激发学习兴趣			
课程效果	达到预设的课程目标			
	提高学生综合实践能力			

二、"精灵美文悦读节"

（一）"精灵美文悦读节"的概念

"精灵美文悦读节"是为了培养小学生从对单词的自然拼读，到小学生对绘本的自主阅读，到小学生的自主的篇章阅读的英语阅读能力而开展的节庆活动。

（二）"精灵美文悦读节"的内容和实施

注重隐性课程的设置。我校英语教师在学校后勤部门的大力支持下，积极地为学生营造校园英语环境，努力为学生构建开放的、多元兼容的新英语阅读环境，致力实现"学校——家庭——社会"三位一体的英语学习大环境。

1. 校园英语环境的布置。我校在教学楼、办公楼、楼道和走廊等地方，批量张贴汉英双语标识标牌，以及双语的名言警句，一至两年更换一次。

2. 教室英语环境的布置。我校根据各年级学生英语学习的需要，在教室内的讲台、墙壁和板报上，既张贴有日常英语、名言警句、幽默小故事、以及贴近学生生活实际的英语等标识标牌，也张贴学生的英语学习评价表。设立班级图书英语角。

3. 办公室英语环境布置。学校内除各种室场的标志牌用汉英双语外，教师办公室内的墙壁、办公桌等处，均有英语标识标牌。

4. 鼓励学生抄录收集在与家人购物、旅行等过程中学到的英语句子。

5. 学生与家长共读英语。家长带领孩子主动阅读英语报纸杂志，摘录自己感兴趣的内容或对自己有启发的内容，可做一本剪报集。

6. 学校为各年级学生提供展示读书笔记、英语连环画、英语手抄报等的场地，定期展示优秀作品，供同学们自由观读。

三、"精灵英语节"

（一）"精灵英语节"的概念

"精灵英语节"是我校开展的系列关于英语学习的节庆活动之一，旨在提高小学生学习英语的兴趣。"精灵英语节"不仅涉及西方一些有意义的节日，而且结合我们中国的节日和学校艺术节，使学生通过参与活动了解中西方文化的差异，在实践中学习，拓宽自己的视野。

(二)"精灵英语节"的实施

"精灵英语节"主要开展一些学生乐于参与的英语活动,以激发学生学习英语的兴趣,给学生一个展现自我的平台(见表4-2-4)。

表4-2-4 合肥市新城小学"精灵英语节"活动安排表

月份	节日	主题	活动
四月	"精灵英语节"书法比赛	英语书法展	全校学生参加,按年级分别书写指定的字母和单词、句子或短文。
五月	"精灵英语节"歌唱比赛	小小英语歌唱家	每班选出五位(组)参赛选手,所有参赛歌曲、歌谣均为英语形式,每班演唱时间控制在4分钟以内。
十月	"精灵英语节"手抄报比赛	图文并茂,秀英文	作品的图片和文字与主题相关,能体现英语文化意识。设计美观,色彩搭配合理,图文比例合适,报面整洁,书写工整。
十一月	"精灵英语节"话剧节	戏剧表演	教师与学生共同准备节目,排练节目,利用每周五课外活动时间集中展演,老师进行指导与评审,十一月初汇报展演。
十二月	"精灵英语节"朗诵比赛	Let the world hear you.	主题不限,朗诵内容要积极向上,展示时间为3分钟,可配背景音乐。

四、"精灵英语社"

(一)"精灵英语社"的概念

"精灵英语社"是我校开展的以语言学习为基础,开拓小学生国际视野,提高小学生英语语言表达能力的社团活动。

(二)"精灵英语社"的内容及实施

我们学校的"精灵英语社"是由"环球英语社""英语戏剧社"和"英语歌唱社"组成。

1. 环球英语社团。环球英语社团是以模拟带领大家去世界各地旅游的方式,用英文介绍当地的风景名胜、文化、饮食、特色等。让小学生在畅游世界的旅行中,提高跨文化意识,扩展视野,同时,学会一些基本的英语交流用语。社团实施的流程:首先,完成"环球英语社团"的成立和招募社员工作,其次,在每一期的活动中介绍一个有代表性的国家或地区,让社员在欣赏当地自然人文风光的同时，扩大学生的英语知识的储备量，学会用英语进行简单的交流，然后，请同学当小老师，准备一个自己喜欢的地方，尝试用英语介绍这个地方，最后，社团成员将最感兴趣的一个地方，做一份英语手抄报。

2. 英语戏剧社团。英语戏剧社团的成立，是为了提高我校小学生学习英语的兴趣，增强英语学习的能力，进一步发展校本课程和完善教学策略。小学生在参加英语戏剧社团的活动中收获的不仅仅是知识且个人能力也得到了提高，更重要的是升华了思想境界。小学生通过参加英语戏剧社团的活动，能逐步地将自己的兴趣与英语学习相结合，推动小学生英语学习兴趣发展，使小学生养成良好的学习习惯。社团实施流程分为以下几个阶段：一是话剧基础知识讲授。为扩展小学生视野，做好话剧表演，教师首先给小学生介绍话剧，讲解话剧表演的技巧以及话剧表演中应注意的问题等等。二是话剧剧目选择。教师根据小学生的英语水平，协助小学生寻找适合小学生表演的话剧剧目。三是话剧剧本教授。教师在讲授剧本情景的过程中，引导小学生学习剧本中的重点单词、短语、重点句子，结合语境，让小学生深入理解剧本内容，大部分社员掌握较好。四是话剧角色选择。教师指导小学生根据自己的英语水平和自己的性格特点，选择适合自己的话剧角色。五是话剧排练。教师指导小学生在熟背自己台词的基础上，通过理解人物心理及角色需要，配合适当的表情和动作，以及语音语调的变化，使小学生基本上能表演到位。六是话剧展演。

3. 英语歌唱社团。学唱英语歌曲，能规范小学生的语音语调，同时增加小学生对英语学习的兴趣和爱好，并在表演的过程中增加小学生相互合作的能力，规范小学生的一些行为习惯。我校参加英语歌唱社团的小学生英语基础普遍较好，对英语学习的兴趣都较高，表演欲望都很强，但是他们的阅读能力还有待进一步提高。社团实施流程分为四步：第一步，完成"精灵英语"歌唱社团的成立和招募成员工作；第二步，进行新社团成员基本知识和活动流程培训，争取每周学唱一首英文歌；第三步，社团成员选定歌曲，利用课余时间练习，准备参加校园英语歌曲大赛；第四步，学校组织评选并表彰优秀社团成员。

总之，经过我们全体英语教师共同的研究，确立了以"精灵英语"为核心的英语学科课程理念。即 3S＝self-educated＋sweet＋smart，由这三个核心词构成"精灵英语"学科理念。结合我校的"智慧城"课程，让小学生快乐学习，并学会英语学习的方法，启迪英语思维。围绕着"精灵英语"教学，我校英语组教师精心备课，认真挑选并研发教材，立足课堂，着力培养小学生自主拼读能力和阅读能力。在引导小学生积极主动地学习英语的过程中，我校英语教师的教研能力和教学能力都得到了显著的提高。"精灵英语"课程作为一种拓展性、研究性课程，使小学生的特长能得以充分的发挥，成就了学生，也成就了教师。

（撰稿者：朱继武　吴文勤　谢媛媛　王蓉荣）

第五章

学习与主体的联结

学习是通过学生的主动行为而发生的，学生学到什么取决于自己做了什么，而不是教师做了什么。每一个学生都是学习的主体，都有自主学习的天性，学习的深度与广度在于主体的努力程度，学习与主体是相辅相成的有机整体，二者相互联结，使课程变得灵动鲜活，真正体现课程实施的价值。把握课程学习与主体的内在联结，使得每个学生都能快乐学习，自由生长。

杜威（John Dewey）在《我的教育信条》一文中提出：唯一真正的教育是通过对儿童能力的刺激而来的，这种刺激是儿童自己感觉到所有的社会情景及各种要求引起的[①]。在《儿童与课程》一文中，杜威进一步从儿童的现有经验进展到已有组织的真理系统为特征的、被称为科目的东西，就是一个经验的继续改造的过程。他进而指出课程的实施过程中必须具备心理化的观点："有必要把各门学科或知识分支的教材恢复到经验中，必须恢复到它所被抽象出来的原来的经验之中。它必须心理化，必须转化为直接的和个人的经验，在其中有着它的根源和意义。"

拉尔夫·泰勒（R. W. Tyler）认为：从本质上说，学习是通过学习者自身的经历而发生的。换言之，学习是学习者通过对其所处环境所产生反应而发生的。泰勒指出：学习是通过学生的主动行为而发生的；他学到什么取决于他做了什么，而不是教师做了什么[②]。因此课程的实施过程中应当基于课程的理念，开发多种实施路径，注重学生的参与，从学生主体的学习经验出发，促进学习方式的改革。

依据教育部《关于全面深化课程改革落实立德树人根本任务的意见》及《义务教育语文课程标准（2011年版）》等文件精神，根据教育部制定的不同年段和不同学科的课程标准，在学校内要进行课程改革，建立新的课程方案，要注重课程方案的设计，让其落到实处，取得实效。课程方案实施路径是否科学合理，是否符合不同阶段学生的身心发展，这关系到学校课程改革的成败，关系到学校课程品质。

"灵动语文"课程采用多途径课程实施路径，丰富学校课程内容、提升学校课程内涵。灵动是每一个学生的天性，每个学生都该是活泼的、可爱的、淳朴的、是富于变化的。"灵动语文"是充满自由的课程。课程设置的根本目的是给学生以心灵的自由，对学生创新精神的培养首先是要点燃学生熊熊燃烧的思想火炬，面对文本，教师和学生之间，学生和学生之间，不同群体之间应该平等对话，在这样的基础上师生、生生之间展开民主交流与合作。给学生以心灵的自由，就是给学生智慧自由的空间和时间，让学生的想

---

① 褚洪启. 教育观念的变革[D]. 北京：北京师范大学，1994.
② 曹周天. 拉尔夫·泰勒《课程与教学的基本原理》阅读札记[J]. 中小学课堂教学研究，2018（04）：59—64.

象得以落实。

"灵动语文"也是充满灵气的课程。课堂中，让学生充分展示自己，享受语文学习带来的成功体验，启发学生关注自己独特的思想，使其得到思维的发展与提升，引发学生情感上的共鸣，从而达到了解历史、认识人物、感悟人生、积淀文学和语言知识、锻炼语文能力等目的，提高学生的语文素养。让整个学习过程充满学生的灵气。学生就像是一张白纸，育人环境对于学生的未来发展起着关键作用，实现学习与主体的联结是"灵动语文"课程的宗旨。

"灵动地理"课程是学校课程理念"育人灵性，尊人天性"的衍生课程之一，灵动是每一个学生的天性，每个学生在地理学习过程中都能发挥自我灵动性，积极主动探讨有关地理问题，让学生地理核心素养得以升华。地理核心素养中的区域认知、人地协调观、综合思维、地理实践力四块内容既彰显个性又有机融合，它们是衡量学生地理综合素养的重要体现。

"灵动地理"课程在国家基础课程的基础上进行整合、提炼、分类、拓展延伸而形成课程序列，一切以符合学生身心发展为抓手，在不同的学段分类实施，不能与基础课程脱节，从起始年级到毕业班课程设置要有梯度和广度上的变化，准确把握育人目标。

总之，"灵动语文"课程与"灵动地理"课程以激励每个学生主动学习为原动力，恰当把握语文和地理学科的广度和深度，体现语文和地理学科特点和优势，顺应时代发展和学生需求。

（撰稿者：夏阳）

第一节

灵动语文：为学生奠定幸福人生底色

合肥市十里庙小学语文教研组，现有 24 名教师，其中高级教师 3 名，合肥市骨干教师 4 名，合肥市优秀教师 2 名，2 人担任副校长。我校语文教研组秉承"为学生终身发展引路"的课程理念，按学校制定的课程计划，教研组认真开展教研组活动和备课组活动，在抓好课堂教学的基础上，积极参加各级各类教科研活动，不断提高教师的教科研能力，提升学生的语文素养，从而提高学校语文课程品质。我们依据教育部《关于全面深化课程改革落实立德树人根本任务的意见》和《义务教育语文课程标准（2011 年版）》等文件精神，积极推进我校语文学科课程群建设。

学科课程哲学　鲜活生动充满灵性的语文

毕加索说："每个孩子都是艺术家，问题在于你长大成人之后如何能够继续保持艺术家的灵性。"[①] 如何在语文学习中一直让学生保持灵气，需要我们在学习的方方面面去激发和引导。教学的过程，最终是要达到让学生自由灵活地学习生动有趣的语文。

一、学科性质

《义务教育语文课程标准（2011 年版）》指出：语文课程是一门学习语

---

① 王秀梅. 绘写结合，织就儿童眼中的世界——绘画日记在低段语文教学中的运用［J］. 新作文：小学作文创新教学，2020，000（004）：23—24.

言文字运用的综合性、实践性课程。工具性与人文性的统一，是语文课程的基本特点。[①] 语文课程的教学内容是丰富多彩的，其蕴含的价值观也是不同的，因此语文课程更应该是促进学生多元价值观的形成和语文素养的发展。

语文包罗万象精彩纷呈，充满人文和风情，因此语文课堂应是鲜活、生动、高效、充满灵性的课堂。教学中，老师应灵活运用有效多样的教学方法、富有变化的教学方式、积极向上的课堂气氛去感染学生，让语文课堂充满灵气，充满活力，不断给学生创设参与表现的机会，唤醒学生沉睡的潜能，从而全面提升学生的语文综合素养，为学习其他课程打好牢固的基础，也为学生养成良好的习惯和道德品质打下基础，真正为每个学生打上幸福的人生底色。

二、学科课程理念

依据《关于全面深化课程改革落实立德树人根本任务的意见》文件精神，以及《义务教育语文课程标准（2011年版）》，结合我校语文学科课程建设实际情况，提出我校语文学科课程核心概念为"灵动语文"。

"灵动语文"是充满自由的课程。课程设置的根本目的是解放学生被束缚的心灵，要激发学生无限的创新潜能，就要激发学生的思想火花，面对文本，教师、学生、文本、教科书编者之间应该是平等交流、对话，展开思想上的沟通与碰撞。让学生的心灵自由，就是要让学生在思想、感情、创造上实现自由，让学生真正自由学习、自由飞翔。

"灵动语文"是充满灵气的课程。课堂中，让学生充分展示自己，享受语文学习带来的成功体验，启发学生关注自己独特的思想，使其得到思维的发展与提升，引发学生在感情上与之呼应，从而实现对历史的了解、人物的认识、人生的感悟、语言知识的积累、语文运用能力的提高等目的，提高学生的语文素养。让学生的灵气充满整个学习过程。

学科课程目标　让学生感受语文灵动之美

《义务教育语文课程标准（2011年版）》指出：课程目标从知识与能

[①] 中华人民共和国教育部. 义务教育语文课程标准（2011年版）[S]. 北京：北京师范大学出版社，2012：1.

力、过程与方法、情感态度与价值观三个方面设计。三者相互渗透，融为一体。目标的设计着眼于语文素养的整体提高[①]。依据上述理论以及我校"灵动语文"课程的设计理念，我们设计出以下课程目标。

一、学科课程总体目标

1. 识字、写字与汉语拼音教学目标。学会汉语拼音，能把汉语拼音的学习与生活应用相结合。会认常用 3 000 个以上的汉字，会写其中的 2 500 个。运用各种灵活的手段和丰富多彩的活动，将学生熟识的语言因素作为主要材料，结合学生生活经验，激发学生自我识写的需求，引导他们主动识字，并做到识字与运用相结合。提高学生独立的识字能力，养成良好的习惯。

2. 阅读教学目标。培养学生广泛积极的阅读兴趣，倡导海量阅读，提倡边读边悟，有自己独特的感悟和思考，从而在思想情感上受到熏陶和感染。重点培养学生自主感受、理解，自我欣赏和价值判断的能力。能够创意阅读，学会探究性阅读和创造性阅读。

3. 写作教学目标。选择贴近学生实际的写作材料，灵活丰富的课堂教学方式，引导学生写自己亲身经历的事，自己对生活的观察或者思考，能表达出自己的真情实感。减少对学生写作的各种束缚，让学生通过想象进行自由的、有创意的写作，同时重视引导学生自我修改和相互修改作文，全方位提升学生的作文水平。

4. 口语交际教学目标。重视引导学生创设各种具体的交际情景，选择易于发挥、有话可说的且与学生生活密切相关的话题，培养学生倾听、表达和应对的能力，努力让学生在口语交际能力和口语交际习惯两条线上获得长足的发展。

5. 综合性学习教学目标。以校内外活动为载体，在社会实践中学习灵动的语文，让学生的听说读写能力在语文知识的综合运用中得到的整体发展。重视培养学生自主参与活动的积极性以及活动中的相互合作精神，由学生自

---

① 中华人民共和国教育部. 义务教育语文课程标准（2011年版）[S]. 北京：北京师范大学出版社，2012：1.

主设计活动方案，自行组织活动过程，培养学生自行组织、自主策划、统筹协调和具体实施的能力。

二、学科课程年级目标

根据《义务教育语文课程标准（2011年版）》的要求，结合我们语文学科总目标以及各个学段的不同学情，以及学生的身心发展特点，我们设置了语文年级目标。下面，我们以五年级下学期为例，说明学科课程的具体目标（见表5-1-1）。

表5-1-1 合肥市十里庙小学"灵动语文"五年级下学期课程目标表

单元	目标
第一单元	共同目标： 1. 会写18个字，会认41个生字，读准多音字，会写课后10个词语。 2. 理解课文内容，体会课文的思想感情。 3. 选择自己生活中印象最深的一件事，并能写清楚事情的经过。 4. 能根据不同对象提出问题，并能认真倾听回答，边听边记录。 校本目标： 和父母或者小伙伴共同交流自己成长中最快乐的事情，制作自己的快乐故事册。
第二单元	共同目标： 1. 会写26个生字，能认识51个生字，准确认读多音字，会写课后18个词语。 2. 了解阅读古典名著的一些简单方法，理解并把握文章的主要内容，感悟人物形象，产生阅读中国古典名著的兴趣。 3. 能选择读过的一篇文章或一本书写读后感。 4. 能就某一话题主持讨论，并能调动参与者发表意见的积极性。 校本目标： 快乐故事阅读，编排课本剧，和家人一起演一演。
第三单元	共同目标： 1. 在具体的实践活动中感受汉字的趣味，产生热爱汉字之情。 2. 了解搜集资料的基本方法。 3. 能搜集字谜，设计字谜，组织一次猜字谜活动；能搜集与汉字有关的趣味资料，办一次趣味汉字交流会。 4. 了解汉字的历史和现状，增强对祖国语言文字的自豪感，树立规范使用汉字的意识。 5. 能调查学校、社会用字不规范的情况，写简单的研究报告。 校本目标： 1. 在社区或者街道寻找不规范汉字，宣传规范使用汉字。 2. 能写一份调查报告。

续表

单元	目　标
第四单元	共同目标： 1. 能认识 28 个生字，准确认读多音字，会写 35 个字以及课后 29 个词语。 2. 理解课文的主要内容，能抓住人物的动作、语言、神态等细节的描写，感悟人物的内心。 3. 选择印象深刻的一件事情，能把事情的经过写具体。 校本目标： 1. 整本阅读《水浒传》。 2. 选择《水浒传》中的某一个典型人物，单独创编成精彩的故事。
第五单元	共同目标： 1. 会写 30 个字，能认识 18 个生字，准确认读多音字，能正确书写课后 28 个词语。 2. 学习用批注的方法阅读，了解正面描写和侧面描写，并体会这些描写方法的表达效果。 3. 能试着用学过的方法写一写自己的同学，能用典型事例把人物的特点写清楚。 校本目标： 选读一本自己喜欢的图书，在旁边作批注，和家人交流。
第六单元	共同目标： 1. 能认识 11 个生字，正确书写 23 个字以及 20 个词语。 2. 能有感情地朗读并背诵课文。 3. 读懂课文内容，能说出课文中人物的思维过程。 4. 能借助提示，运用想象，按事情发展顺序写一个探险故事，做到内容具体、情节生动。 校本目标： 1. 整本阅读自己喜欢的小说作品。 2. 阅读时可以分析体会人物的思维过程，说清别人的高明之处。
第七单元	共同目标： 1. 能认识 26 个生字，准确认读多音字，会写 30 个生字以及 28 个词语。 2. 感悟景物描写的静态美和动态美。 3. 初步了解非连续性文本的特点，并能从中获取所需的信息。 4. 能搜集资料，清楚地介绍一处自己感兴趣的中国的世界文化遗产。 5. 仿照片段，写出某处景物的动态美和静态美。 校本目标： 寻找收集一些景点的介绍说明书，根据需要为家人制作旅游指南。
第八单元	共同目标： 1. 能认识 25 个生字，准确认读多音字，会写 18 个生字以及 9 个词语。 2. 体会课文中语言的风趣，并结合生活实际，说出自己的阅读感受。 3. 能仿照《手指》一文的表达特点，从人的五官中选一个，写一段话。 4. 欣赏漫画，能从中获得启示，并把它写下来。 5. 能精彩的讲述一两个笑话，也能认真倾听别人讲笑话。 校本目标： 1. 讲一个故事，能做到幽默风趣，并写下来。 2. 听别人讲精彩的故事，做好的听众。

学科课程框架　构建灵动和谐的学习情境

基于我校"灵动语文"课程的哲学理念以及课程目标,"灵动语文"的课程设置主要是为满足学生的个性化的学习需要,培育学生灵动灵活的学习方式。因此,我们"灵动语文"学科课程设置了以下课程框架。

一、学科课程结构

《义务教育语文课程标准(2011年版)》指出:语文课程从"识字""阅读""写作""口语交际""综合性学习"五个方面提出要求。[①] 与之相应,我们"灵动语文"也从"灵动识写""灵动阅读""灵动交际""灵动写作""灵动实践"五个方面构建课程体系(见图5-1-1)。

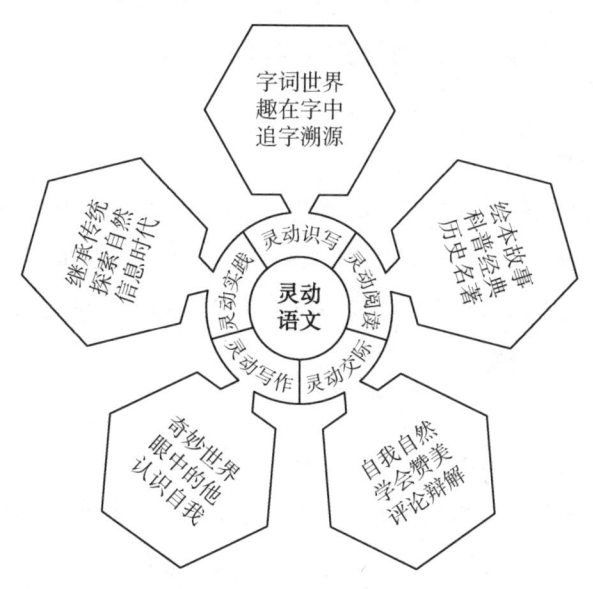

图5-1-1　合肥市十里庙小学"灵动语文"课程结构示意图

五个方面的课程内容设置按三个年级段设置了三个大的主题板块,每个版块再按年级分为相应的具体课程。

---

① 中华人民共和国教育部. 义务教育语文课程标准(2011年版)[S]. 北京:北京师范大学出版社,2012:1.

（一）灵动识写

三个学段的主题板块为"字词世界""趣在字中""追字溯源"。具体课程内容为识字大擂台、一词一世界、帮字找朋友、有趣多音字、初识字理学、追字溯源。目的在于提高学生的自主识字、主动识字的能力，培养识字兴趣，激发学生对语言文字的热爱之情。

（二）灵动阅读

三个学段的主题板块为"绘本故事""科普经典""历史名著"。具体课程内容为经典、绘本、童话、故事汇、科普幻想、儿童经典、传奇、古典名著、历史故事。重点在于培养学生独立阅读的能力以及良好的阅读习惯，不断地丰富学生的语言积累。

（三）灵动交际

三个学段的主题板块为"自我自然""学会赞美""评论辩解"。具体课程内容为认识自我、有趣的现象、帮他出主意、学会赞美、小小评论员、千"辩"万化。旨在提高学生表达沟通的水平，培养学生的参与意识、情意态度和表达能力。

（四）灵动写作

三个学段的主题板块为"奇妙世界""眼中的他""认识自我"。具体课程内容为我写我话、奇妙大自然、我眼中的他、我的成长故事、学会感恩、我的心里话。重在培养学生写作的兴趣和习惯，鼓励学生表达真情实感，让学生愿写、乐写、会写。

（五）灵动实践

三个学段的主题板块为"继承传统""探索自然""信息时代"。具体课程内容为我们的节日、植物有办法、奇形怪"叶"、自然之"师"、汉字王国、走进信息时代。开展活动的目的是为了增强学生在实践中学习的能力，提高学生对自然、社会的认识，养成与他人合作、与人正确交往的意识与习惯。

二、学科课程设置

"灵动语文"以年级为经，以学科课程为纬，具体设置（见表5-1-2）。

表 5-1-2　合肥市十里庙小学"灵动语文"学科课程设置表

年级	课程	灵动识写	灵动阅读	灵动交际	灵动写作	灵动实践
一年级	上学期	识字大擂台	经典绘本	认识自我	我写我话	我们的节日
	下学期	识字大擂台	经典绘本	认识自我	我写我话	我们的节日
二年级	上学期	一词一世界	童话、故事汇	有趣的现象	奇妙大自然	植物有办法
	下学期	一词一世界	童话、故事汇	有趣的现象	奇妙大自然	植物有办法
三年级	上学期	帮字找朋友	科普幻想	帮他出主意	我眼中的他	奇形怪"叶"
	下学期	帮字找朋友	科普幻想	帮他出主意	我眼中的他	奇形怪"叶"
四年级	上学期	有趣多音字	儿童经典	学会赞美	我的成长故事	自然之"师"
	下学期	有趣多音字	儿童经典	学会赞美	我的成长故事	自然之"师"
五年级	上学期	初识字理学	传奇、历史	小小评论员	学会感恩	汉字王国
	下学期	初识字理学	传奇、历史	小小评论员	学会感恩	汉字王国
六年级	上学期	追字溯源	经典名著	千"辩"万化	我的心里话	走进信息时代
	下学期	追字溯源	经典名著	千"辩"万化	我的心里话	走进信息时代

学科课程实施　实现自我提升的学习过程

"灵动语文"育之以心灵，动之以真情，启发学生生活上的思考，引发学生感情上的共鸣，从而实现对历史的了解、人物的认识、人生的感悟、语言知识的积累、语文运用能力的提高等目的，提高学生的语文素养。"灵动语文"学科课程的实施主要从以下几个方面入手。

一、构建"灵动课堂"，推进语文课程有效实施

"灵动课堂"是一种充满学生灵气，富有新鲜活力和创造性的课堂。灵动课堂要回归教育之本，实现新的超越。课堂是在具体的教学情境中，通过师生互动而达到的动态生成课堂，教师不再只是单向的信息传递，而是用多样化的学习方式，激发学生的学习兴趣和求知欲，让课堂"动"起来，"活"起来，去除了束缚学生学习的枷锁，把自由灵性重新还给了学生，让学生们的身心得以生动活泼地发展。

（一）"灵动课堂"的基本要求

"灵动课堂"以"自由、灵活"为原则，让学生心灵自由，激活学生炽热的思想情感，倡导文本、教师、教科书编者和学生之间的平等对话，在自由平等间交流各自的心得体会，直至思想的深度碰撞。相信学生，给他们展示自我的机会，鼓励、引导他们展示自己的智能，让学生的心灵在课堂上自由飞翔。用文本的真情引发学生的真情，让学生真切感受语文的优美和深厚的内涵。启发学生思考，引发学生在感情上与之呼应，从而实现对历史的了解、人物的认识、人生的感悟、语言知识的积累、语文运用能力的提高等目的，提高学生的语文素养。

（二）"灵动课堂"的实施策略

"灵动课堂"的实施，我们一直秉承教科研先行，以优质课例的观、评课为实施手段，始终倾听学生的学习需求，朝着"灵动课堂"的核心目标逐步探索出一条行之有效的灵动语文学习之路。

1. 做好课前的充分准备。课前教师要集体研读教材，正确、充分地理解编者的意图，弄清每单元一体化的设计思路，吃透教材编排的意图，再根据自己的理解感悟灵活地处理教材、设计教学方法。充分考虑所教学生的学情，制定详细的教学计划和辅导计划，以及课堂生成处理、调控技巧，保障了课堂整体教学效率的提高。

2. 以学生为主体，以课堂多种形式的训练为主。我们时刻都牢记着，进行语文学习的对象是学生，老师只是学生学习路上的点拨者和引导者，所以我们要重视对学生听说读写活动的引领训练。语文综合素养重视的是技能的培养，要想让学生做到熟能生巧，进而听清楚，说明白，读流利，写精彩，就只能以训练为主。

3. 关注学生的参与度，进行后期的指导和帮助。为了每个学生能自由地成长，我们为每个学生提供平等自由参与的平台，教学内容有层次、有坡度，让所有学生都能在课堂中找到爆发点，找到成功的喜悦。在课后还要密切观察、分析学生的学习情况，进行有的放矢的后期指导与帮助，让每一个学生学得快乐、练得扎实、记得牢固。

（三）"灵动课堂"的评价标准

依据"灵动课堂"的内涵，我们设计了"灵动课堂评价量表"。听评课后，由听课教师填写评价表交给执教老师，并作为教师成长足迹的重要组成部分，通过评价量化分数曲线图的绘制，记录教师课堂教学成长过程。评价量表如下（见表5-1-3）。

表5-1-3　合肥市十里庙小学"灵动课堂"评价标准

指标＼等级	优	良	合格	不合格
	完全达到	基本达到	部分达到	最少达到或未达到
开放	1. 尊重学生主体地位。 2. 关注不同学生学习需求。			
充实	1. 创造性使用教材。 2. 合理拓展延伸，联系生活实际，全面发展学生的综合能力。			
简约	1. 教学环节层次分明，教学过程生动，尊重学生主体地位。 2. 关注不同学生学习需求，学生学习情绪饱满，全程投入，善于观察、思考，与同伴合作，乐于表达个人见解，敢于质疑，勇于探究难题。			
灵活	1. 注重情境创设，关注课堂生成，教学方法灵活，能与多媒体技术的运用相结合。 2. 注重课堂激励，做到探究式和接受式相结合。			
多维	1. 从多个维度进行评价，利用多种方式，促进学生语文素养提高、语文能力发展。 2. 注重课堂教学的多元互动。			
总评				

二、设立"灵动节日"，激发孩子语文学习兴趣

1. "灵动节日"的实践与操作。根据"灵动语文"的需要，我们引导学生关注生活，增强生活仪式感，拓宽"灵动语文"的外延，丰富"灵动语文"的内涵，创新语文课程的实施方式，激发学生的语文学习兴趣，同时推进校园文化课程的进一步实施。

我们每年创设"灵动节日"，积极营造浓厚的语文学习氛围，以不同的主题激起学生对"灵动语文"的学习热情。"灵动节日"课程安排如下（见表

5-1-4)。

表 5-1-4　合肥市十里庙小学"灵动节日"课程安排表

时间	课程	内 容 主 题
1月	成语节	成语接龙大赛
2月	寓言节	讲寓言增智慧
3月	诗歌节	诗歌我来唱
4月	诗词节	诗词大擂台
5月	书信节	文中有真情
6月	对联节	评选最美对联
7月	小说节	最棒小说推介会
8月	戏剧节	我最爱看的戏剧推介
9月	拼音节	了解拼音之父
10月	汉字节	我是识字大王
11月	绘本节	绘本故事会
12月	童话节	童话精灵讲故事

2. "灵动节日"的评价要求。为了保证"灵动节日"课程的正常进行，我们节日课程活动以规范化、科学化为原则，构建了合理的评价体系，评价体系遵循了发展性、适宜性、类别性的原则，采用案例分析、现场观摩、主题交流谈话等方法进行。具体评价标准如下（见表5-1-5）。

表 5-1-5　合肥市十里庙小学"灵动节日"评价细目表

项目	评 价 标 准	等级	亮点	建议
主题	鲜明、有新意、目的明确。			
	富有时代感，体现学校毕业生形象的要求。			
内容	活动内容新颖，符合学生的年龄特征。			
	有典型活动环节，说服力和感染力强。			
	与现实相结合，贴近学生的生活。			
形式	展示学生的个性特长，活动过程有趣味。			
	丰富多样，学生乐于参与其间。			
	营造得体活动环境，凸显节日主题。			

续　表

项目	评 价 标 准	等级	亮点	建议
过程	学生热情参与，主体作用发挥的好。			
	能恰当的引领学生，指导方法得当。			
效果	学生体验积极，感悟深刻，有情感共鸣。			
	学生精神状态好，得到思想情感的熏陶。			

三、建设"灵动社团"，享受语文的学习乐趣

"灵动社团"是以还原生命灵动为目的，用创新的思维方式，富于变化的教学手段，将学校里具有共同特征和爱好的学生组织在一起形成社团，进而激发出每一位学生内在的灵气，学生也将在灵动的社团生活中一路成长。

（一）"灵动社团"的类别与实施

"灵动社团"重在语文学习的实践，给学生一个相互学习、沟通交流的空间和自我展示的平台。我校成立了"国学经典、课本剧、水浒故事、书法、读书沙龙、小主持人"等众多优质语文学习社团，为学生们提供多样化、个性化的自由展示空间，张扬个性，享受语文学习带来的快乐。

我校从以下几点开展"灵动社团"生活：每学期开学，学生在班主任的统一协调下，根据自己的特长或者兴趣爱好，选择某一社团活动，学校协调管理。少先队和教导处牵头，与各社团负责人一起统一制订社团活动安排表，做到人员、时间、地点三落实，按计划开展活动。每位教师负责一个社团，注重过程管理。期末开展"评一评、比一比、展一展"活动，给学生展示才华的机会，收获成功的喜悦。各社团要组织成果汇报活动，学校统一对社团进行评价，各社团对活动图片要注意收集、保存。

（二）"灵动社团"的评价要求

"灵动社团"丰富了校园文化，学生的兴趣和特长得到了培养，"灵动社团"在提高学生语文素养方面也体现出了越来越重要的作用。因此我校一直在加强以"灵动社团"为载体的平台建设，培养学生的综合素质。近年来各社团的规模都有所壮大，社团活动也丰富多彩，社团作用也在不断增强，"灵动社团"也成为了我校发展的一个特别名片。

"灵动社团"评价标准为:"灵动社团"活动记录认真完整,活动方案制定丰富多彩规范细致,可操作性强,记录活动过程较详细,学期结束有活动反思或小结。教师充分履行指导的职责,活动过程中,教师能发现学生的特长,并积极发展学生的特长。师生共同加强社团管理注重文化建设,社团活动文明有序,体现社团主题的特色。每学期结束,社团能以自己独特的方式汇报活动成果。通过调查问卷、访问、谈话等形式了解学生对社团活动满意程度,满意率超过60%为合格,75%为良好,85%为优秀(见表5-1-6)。

表5-1-6 合肥市十里庙小学"灵动社团"汇报验收评价表

社团名称	社团活动过程资料（计划、总结、活动记录）	社团成果汇报展示	总分

四、推行"灵动之旅",提升学生语文实践能力

"灵动之旅"就是利用一切可以利用的条件为学生创设学习的氛围,让学生在社会的大环境中通过实践去感受、理解、学习语文。让学生感到社会即语文,环境即语文,语文时时刻刻就在我们身边。让真善美的环境来陶冶学生情操,促进学生健康成长。

(一)"灵动之旅"的实施

1. 市内近距离主题研学,树立学生正确的生活价值观。针对一到三年级学生的特点,我校灵动之旅课程有针对性地设置市内短距离主题研学,树立学生正确的生活价值观。通过课程的实施,让学生近距离接触自然和社会,培养学生爱家乡、爱生活的情感。根据这一阶段学生年龄偏小的特点,我们研学地点以市内和周边研学基地为主,包括大学校园、博物馆、科技馆、主题公园、历史文化古迹等。每学年设定六个主题,按月实施,每一个主题研学一天。这样,在三年级结束时,学生们就至少可以参观完18个市内研学景点。

2. 国内长距离文化研学,培养学生的文化价值观。该课程的对象为四到

六年级学生，课程实施方式采取自愿选课、集体探访的原则。在探访中瞻仰革命圣地、领略自然风光、体验民俗风情，既增长了知识，又陶冶了情操，从而激发学生的民族自信心和民族自豪感。

3. 世界文明研学，培养学生的文明价值观。该课程的设置时间集中在寒暑假，主要针对一些珠心算比赛的高级选手，研学路线多选择在泰国、新加坡等周边国家，学生们可以通过参加比赛、参与活动，开拓视野，了解世界的多样文明。

（二）"灵动之旅"的评价

1. 总体评价。灵动之旅总体评价标准主要从研学旅行的特点出发，有意识组织、集体活动、亲身体验这三个方面制定灵动之旅活动课程的总体评价内容，体现灵动之旅的育人导向，研什么、学什么，使目标更明确，内涵更丰富。具体评价标准如下（见表5-1-7）。

表5-1-7　合肥市十里庙小学"灵动之旅"课程总体评价表

评价内容	灵动之旅活动过程性资料：学校方案、教师指导相关材料、学生过程性文本材料和成果展评。				
评价项目	评 价 要 点	评价等级			
		A	B	C	D
学校方案	1. 把灵动之旅纳入到学校教育教学的总计划之内，与综合实践课程有机融合，做到校外和校内课程的相辅相成。				
	2. 注重活动过程的管理，定期评估活动效果。				
教师备课	1. 有依附灵动之旅教学设计的二次备课，要有个人特色。				
	2. 能体现出对灵动之旅活动指导的文本材料。				
过程管理	1. 学生统一食宿，培养学生自理自立的能力，以及互帮互助、吃苦耐劳等优秀品质。				
	2. 安全保障，活动前做好安全宣传，活动中做好安全保障，遇到不可抗因素，处理好安全善后工作。				
孩子过程性文本材料	1. 制定研学旅行策划书、设计任务单、地点介绍等。				
	2. 班级专人做好研学记录，完成各层次研学任务清单。				
成果材料	1. 作品或照片整体美观、数量足，材料数量达到班级学生90%以上的比例。				
	2. 心得体会。文本数量达到班级学生90%以上的比例。				

2. 学生的成果评价。灵动之旅学生的成果评价是和课程实施过程相伴随的。该课程重点以学生的体验为主，每次活动中，教师重点关注学生们的细微表现和任务的完成情况，有针对性作出合理而又恰当的评价。具体评价标准如下（见表5-1-8）。

表5-1-8　合肥市十里庙小学"灵动之旅"课程学生成果评价表

评价项目		评价标准	评价结果			
			A	B	C	D
成果呈现	原创	成果为集体原创				
	书写	研学报告书写规范				
	形式	研学形式新颖有趣				
	主题	研学主题鲜明				
	内容	研学内容精彩丰富				
成果交流	语言	语言表达流畅、清晰				
	形式	表达形式独特、有趣				
	见解	能体现独特的见解				
成果评价	自我评价	合理的自我评价				
	小组评价	中肯的小组评价				

"灵动语文"将引领学生发现语言的美，提升学生的语文综合素养。为了保障"灵动语文"课程群建设的顺利实施，实现育人目标，达到教育教学效果，我校成立了课程研发实施工作小组，完善课程实施制度建构。为了调动所有教师教学的积极性与主动性，学校建立了课程内部监督机制和课程发展的激励机制，让教学的质量得到了大幅度提高。同时学校为了保证各类课程的开发和实施，也投入了大量的经费，大力提升了学校软、硬件的实力，落实各项奖励措施，确保课程的开发与实施，为教师幸福工作、学生健康成长提供了良好保障。

总之，我们认真贯彻执行《义务教育语文课程标准（2011年版）》，根据学校的实际情况，以部编版语文教科书为教学依据，在灵动、轻松的课堂教学环境中，激发学生内在的学习需求，增强学生学习的自信心，多渠道挖掘学生学习的潜力，真正的让学生做到学会语文、爱上语文、运用语文。

（撰稿者：罗贤玉　陶菲）

第二节

灵动地理：让地理蕴涵灵动之美

合肥市小庙中学是一所富有深厚文化底蕴的学校，现有地理专职教师 7 人，其中高级教师 3 人，合肥市学科带头人 1 人，合肥市优秀教师 1 人，蜀山区骨干教师 2 人。地理学科组团结协作、进取意识强，一直以来是校内优秀学科组。学科组结合校情、生情现状，依据教育部《关于全面深化课程改革落实立德树人根本任务的意见》和《普通高中地理课程标准（2017 年版）》等文件精神，对课程教学内容进行提炼整合，在教学中改革创新、与时俱进，推进地理学科课程群建设。

学科课程哲学　灵动且富于变化的地理

地理学的哲学智慧产生于人类实践活动，反之又引导人类进行实践活动。"灵动地理"出发点是让学生通过地理学习将地理核心素养内化于心，其学科思想渗透着较高的育人价值，"灵动地理"课程设置符合学生的个性心理特点，是灵动且富于变化的地理。

一、学科性质

《普通高中地理课程标准（2017 年版）》指出：地理学是研究地理环境以及人类活动与地理环境关系的科学，它兼具有自然科学和社会科学的性质[①]。地理学不仅研究地球表面上的自然和人文现象的空间格局与变化过程，而且关注不同尺度的空间区域。地理学强调以空间为载体、时间为主线的有效研究路径，渗透着人与自然的和谐共生的理念，突出因地制宜的重要性，强调人类命运共同体，具有较高的育人价值，有利于培养社会主义建设者和接班人。它是综合性很强的一门学科，其哲学思想来源于人们对事物本质的深度思考和提炼，既来源于生活又服务于生活，渗透着辩证唯物主义的思想和相关观点，是灵动且富于变化的。

二、学科课程理念

依据《普通高中地理课程标准（2017年版）》精神要求，结合我校地理学科的实际情况，总结出我校地理学科核心理念为"灵动地理"，即"让地理学习深入人心"。"灵动"是中国汉语内的一个词汇，表示有灵气，活泼不呆板，富于变化。

"灵动地理"是学校课程理念"育人灵性，尊人天性"的衍生课程之一，我们认为"灵动"是每一个学生的天性，每一位学生在学习地理课程时都能发挥自我灵动性，积极主动提升学生的地理核心素养，更深层次了解和掌握区域认知、人地协调观、综合思维、地理实践力四大块内容。

第斯多惠是德国著名的教育家，他的主要观点认为教育的艺术不在于传授本领，而在于激励、唤醒和鼓舞，这也是唤醒学生灵动的关键所在，也是地理教学和地理学习的关键因素。"灵动地理"就是将地理学科核心素养更好地内化于学生心中。"灵动"的地理，充满着灵性、激励、唤醒和鼓舞，重视学生学习过程的灵动性，用灵活多样的教学手段提高学生的学习兴趣，引导学生主动参与，激发学习者的求知欲，为学生地理学习的可持续打下坚实的基础，可以让学生感受到地理学的价值，同时实现自我价值。

学科课程目标　追求深入人心的灵动地理

提升学生地理核心素养是"灵动地理"课程实施的重要价值体现，激发

[①] 中华人民共和国教育部. 普通高中地理课程标准（2017年版）[S]. 北京：人民教育出版社，2017：1.

学生灵动性是地理学习的重要举措，落实立德树人根本任务是"灵动地理"课程实施的最高追求。培养学生具有较强人地协调意识和可持续发展观念，让学生成为传播人地协调思想的重要火苗。

《普通高中地理课程标准（2017 年版）》中指出：高中地理课程的总目标是通过地理学科核心素养的培养，从地理教育角度落实立德树人根本任务[1]。基于以上目标，我校"灵动地理"从灵性主动切入，让主动参与意识贯穿于学生的学习过程，让灵动地理深入人心，制定了我校"灵动地理"课程目标。

一、学科课程总体目标

依据《普通高中地理课程标准（2017 年版）》中地理课程目标，为将"灵动地理"课程落到实处，基于四个方面内容开展工作：一是激发学生灵性，掌握相关地理知识，能够从空间—区域视角认识地理事物和现象；二是通过对地理现象的认识与思考，学会辩证地看待地理问题；三是通过所学的知识和所掌握的地理原理、规律能够开展地理行动，即：具备实践调查、判断推理、实际应用等行动能力，从而更好地适应和保护地理环境；四是能够正确地把握地理环境与人类活动的关联性，深刻认识人地协调的重要性，养成尊重科学的态度。

基于以上内容，我们从以下四个维度阐释。

1. 地理知识目标。学生通过"灵动地理"课程学习，能够从空间—区域视角认识大量的地理事物和地理现象，对地理事物和现象的空间格局具有较强的观察能力，掌握一定的地理概念，了解有关地理原理，把握相关地理规律，能够使用分析、比较、联系等方法认识区域，必要时对区域现状和发展作出简要的评价。

2. 地理思维目标。学生通过"灵动地理"学习，能够从综合的视角认识地理事物和现象，提升综合思维品质，学会用联系的观点和方法去认识地理环境和地理要素之间的关系，能够在一定水平范围内解释相关地理现象的发生发展

---

[1] 中华人民共和国教育部. 普通高中地理课程标准（2017 年版）[S]. 北京：人民教育出版社，2017：1.

过程，理性分析环境的差异性，辩证地看待有关地理现象和地理问题。

3. 地理行动目标。课程理论学习最终是服务于人类的生产和生活，通过"灵动地理"课程的开展，学生能够用所学的地理知识探索和尝试解决实际问题，具备实实在在的行动能力和行动品质，能够在真实环境下，通过考察、模拟、调查、实验、分析等方式获取地理信息，提高学生的地理实践能力，为社会培养有用的人。

4. 地理育人目标。课程理论学习最终都是为人的终身发展奠定良好基础的。"育人"是课程发展的最主要目的，也是课程开发的初衷。学生通过"灵动地理"课程学习，能够正确地看待地理环境与人类活动的关联性，谋求人地和谐，树立正确的人地观，学会辩证地看待地理问题，能够理性地分析生态、经济、社会三者之间的关系，从而树立环境的可持续发展意识。

二、学科课程年级目标

"灵动地理"课程根据高中各年级学生的认知特点，进一步细化课程目标，把不同年级的课程目标进行细化，同时要保证不同维度之间的联系，将"灵动地理"年级课标细分如下（见表5-2-1）。

表5-2-1 合肥市小庙中学"灵动地理"课程年级目标表

单元	目　　标
第一单元	共同目标： 能够应用相关资料对人口分布、人口迁移进行描述、分析，归纳相关影响因素，深度理解环境承载力和人口合理容量。 校本目标： 能够通过相关地理素材对地理事物和现象的空间格局进行有效观察，并运用区域综合分析、比较等方法认识区域，对区域现状进行评价，对区域未来发展进行推测。
第二单元	共同目标： 1. 能够以某一城镇和乡村为例，对该城镇和乡村空间结构合理性进行相关解释，深刻认识城乡结构合理利用的重要性。 2. 能够用联系的观点说明地域文化对当地城乡景观的影响。 3. 能够结合实例去理解解释说明城镇化的过程、特点，并对城镇化的影响进行评价。 校本目标： 运用相关信息技术和其他辅助手段，收集相关资料，并能运用有关知识去解释生活中的一些地理现象，提高学生解决实际问题能力，认识资源环境问题与人类活动的关联性。

续　表

单元	目　　标
第三单元	共同目标： 以案例为依托，说明三大产业（农业、工业、服务业）的区位因素。 校本目标： 根据自己家乡的区域规划图和相关资料并结合实地考察，能够说明家乡工业、农业和服务业的有关区位因素。
第四单元	共同目标： 能够结合相关案例，去解释不同运输方式和交通布局对区域发展的影响。 校本目标： 1. 能够将合肥市不同时期城市规划图与合肥市不同时期的交通图相结合，说明交通运输方式和交通布局与区域发展的关系。 2. 根据实地考察，说明小庙镇交通运输方式和交通布局变化对小庙镇发展的影响。
第五单元	共同目标： 1. 使用专题地图去说明国家某项重大工程实施的地理背景。 2. 结合实例，让学生树立国家海洋权益与发展战略重要意识，增强学生的国家领土和有关主权意识。 3. 通过有关资料让学生树立人地协调意识的重要性，能以身示范向外界宣扬环保精神。 4. 通过学习，让学生掌握更多的信息技术手段，以便更加快捷地研究相关地理问题。 校本目标： 1. 以央视媒体为素材，了解有关超级工程，说明这些超级工程实施的相关地理背景。 2. 搜集钓鱼岛、台湾省、祖国南海等相关史料向学生说明国家领土主权的重要意义。 3. 通过有关资料的查找，学生能够利用有关地理信息技术去辅助地理实践活动，并认识到人地协调的重要性。

学科课程框架　构建灵动多彩的地理课程

根据我校"尊人之天性　育人之灵性"课程理念，地理学科设置了"灵动地理"系列课程。课程面向全体学生，设置丰富多彩的教学内容和形式以满足不同层次学生的需求，通过地理学习使学生具备一定的地理素养，学生能够运用所学的知识去认识自然之美和人文之美，能够从人地协调的视角去分析区域发展，牢固树立人地协调意识，提高地理素养和地理实践能力，真正为社会主义建设贡献力量。我们设置了"地球奥秘""人文荟萃""放眼世界""精彩实践"四部分内容。

一、学科课程结构

依据《普通高中地理课程标准（2017年版）》要求，基于我校高中学生生情状况，结合我校学科课程理念，构建全面的学科课程体系，力争让我校课程枝繁叶茂，提升我校学生地理学科核心素养。"灵动地理"课程结构是各部分的有机组合，是完整的课程体系构建。"灵动地理"课程结构图如下（见图5-2-1）。

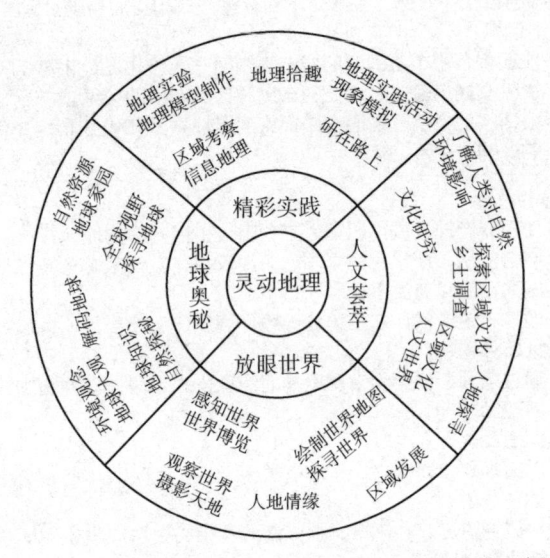

图5-2-1 合肥市小庙中学"灵动地理"课程结构示意图

具体表述如下：

"地球奥秘"模块是通过地理实验、野外观察、考察等方式验证自然科学的奥秘，树立科学的世界观，培养探究自然科学的兴趣和好奇心，它是贯穿整个高中阶段自然地理内容。《普通高中地理课程标准（2017年版）》要求学生牢固掌握基本的地球科学知识，并能够结合生活实际，解释一些自然地理现象的过程与原理。能够激发学生对自然地理现象进行观察、识别、描述、解释、欣赏，有效提高学习能力，培养学生积极探索自然的主观能动性和尊重自然的科学态度。

"人文荟萃"同样是高中地理学习的重要板块之一。人类与自然环境关系密切，丰富的人文地理素材是打开学生心灵世界的重要载体，使得学生爱生活、爱环境、爱探索，让可持续发展理念扎根学生心中。

"放眼世界"是从不同的区域尺度向学生展示区域差异，激发学生深度思考，寻求造成差异的原因。让学生意识到不同区域之间、同一区域内部、区域发展不同阶段都是存在差异的。"放眼世界"吸纳丰富的区域素材，从不同的视角向学生展示世界魅力，引起学生对于未知事物的向往，激发他们主动学习的热情。

"精彩实践"是对真实世界的感知实践，理论知识学习很难体验到真实的自然之美，学生只有身临其境方能感受其中精彩。通过精彩实践课程的实施培养学生探究真知的意志力和探究科学奥秘的好奇心，进而培养学生地理实践力素养。实践是学生从课本理论知识学习走向现实生活的重要落点，起到很好的连接作用，实践可以唤起学生地理学习的兴趣，激发学生思考问题的内在驱动力，也是地理学可以为人类生产生活真正服务的最有效实施途径，它是长期以来困扰地理教学的拦路虎，"精彩实践"就是为打破这一教学瓶颈而设置的。

二、学科课程设置

"灵动地理"课程设置以年级为纵向，以学科课程为横向，除了基础类课程之外，我校开设了拓展类课程和研究类课程（见表5-2-2）。

表5-2-2 合肥市小庙中学"灵动地理"拓展类课程设置表

年级	学期	课程目录			
		地球奥秘	人文荟萃	放眼世界	精彩实践
高一	上学期	地球知识 自然探秘（重点）	了解人类对自然环境影响	感知世界 世界博览	地理实验、地理模型制作
	下学期	环境观念 地球大观	探索区域文化 乡土调查（重点）	绘制世界地图 探寻世界	地理实践活动 现象模拟
高二	上学期	全球视野 探寻地球	区域文化 人文世界	观察世界 摄影天地	区域考察 信息地理
	下学期	解码地球	文化研究	人地情缘	研在路上
高三	上学期	自然资源 地球家园	人地探寻	区域发展	地理拾趣
	下学期	专题讲座 选修科目	专题讲座 选修科目	专题讲座 选修科目	专题讲座 选修科目

学科课程实施　着眼有水有土的灵动地理

"灵动地理"课程的建立和学生认知水平、认知结构密不可分，为学生的地理知识学习、地理思维品质、解决问题能力等素养的提升构建平台。为实现学生的可持续发展，我校课程从课堂教学、学科拓展、地理社团、地理实践等方面入手，从而实现"灵动地理"课程的顺利实施。

一、构建"灵动课堂"，突显地理课堂理念

建立适合我校地理学科实际的"灵动课堂"，突出以学生为主体的办学理念，彰显个性与灵性，在学习过程中，充分体现出学生对于地理学科学习的积极性，不断提高学生们的自主合作和探究水平。"灵动课堂"评价要求如下：

1. "灵动课堂"遵循三个方面基本原则。一是"灵动课堂"体现学生主体地位。把时间和空间还给学生，要充分体现学生主体、教师主导的思想，要确立以生为本的重要课堂教学理念，尊重学生的个性发展，发挥学生的灵性，激活课堂，课堂因学生的主动参与才显得富有活力和灵气，让学生感受地理之美，享受地理学习的过程。二是"灵动课堂"展现地理学科魅力。地理是一门综合性很强的学科，地理知识更是丰富多彩，教师要以课堂为主线，关注学生的兴趣点，让学生热爱地理，激发学生的求知欲、提高学生的思维品质和探究能力，学习对生活有用的地理，为学生的可持续发展奠定基础。三是"灵动课堂"彰显地理育人价值。学生随着地理课程的开发获得的不仅仅是地理知识和地理思维能力，更主要的是要树立学生正确的价值观和人生观，要有深刻的人地协调观，要把这些理念在社会上广泛传播，这才能充分体现地理学科的育人价值。

2. "灵动课堂"的评价标准以学生切身利益为起点，我们从"教学目标""教学方法""教学活动"等方面制定了"灵动课堂"评价表（见表5-2-3）。

表 5-2-3　合肥市小庙中学"灵动课堂"评价表

评价项目		评 价 标 准	评价 A	B	C
教学目标		1. 依据课标制定教学目标。			
		2. 是否符合生情。			
		3. 教学内容选择是否合理，重难点是否突出。			
		4. 教材资源整合情况。			
教法实施		1. 突出重点问题，有探究价值。			
		2. 突出学生主体，小组合作效果明显，学生深度学习能力有所体现。			
教学活动	学习效果	1. 完成预期教学任务，教学目标得以实现。			
		2. 学生在原有水平的基础上得到相应的提高。			
		3. 学生主动参与，课堂上轻松快乐。			
	课堂评价	1. 教师主导、学生主体地位突显。			
		2. 采用多样的评价方式，对学生地理素养进行精准评价。			
	教师表现	1. 教师语言精准生动、严谨合理、有逻辑性，善于处理突发事件。			
		2. 能驾驭课堂教学，营造和谐的氛围，引导学生质疑释疑。			
		3. 利用多媒体进行辅助教学，达到预期效果。			

二、实施"灵动拓展"，着力提升学科能力

"灵动地理"以激励每个学生主动学习为原动力，恰当把握地理学科的广度和深度，体现地理学科综合优势，顺应时代发展和学生需求的观念。首先从"地球奥秘、人文荟萃、放眼区域、精彩实践"四大板块出发将课本知识重组、融合、统一实施；其次是开设"地理实验、地理摄影、野外考察、模型制作"等选修课程，采取不同策略激发学生地理学习热情，提升学生地理综合素养。积极推进"灵动地理"课程群建设，是学校课程建设的有机组成部分，也是地理教学和地理实践活动展示的重要平台。

1. "灵动拓展"的实施是对校内外资源的有机整合，将国家基础课程和教师开发的各类拓展类课程整合构建而成，如：专题讲座、微课、实践等内容，为学生的地理素养提升提供丰富的教程。"灵动地理"课程促进学生地理

综合素养提升，积极构建开放、可持续的课程体系，满足学生终身发展需求，突出学生对"人地协调观、地理实践力、综合思维、区域认知"四大核心素养的深刻领悟和应用。"灵动地理"是在国家基础课程的基础上进行整合、提炼、分类、拓展延伸而形成课程序列，课程设置出发点是以符合学生身心发展为原则，不能与基础课程脱节，在不同的学段分类实施，从起始年级到毕业班课程设置要有梯度和广度上的变化，准确把握育人目标。"灵动课程"将地理教材、地理杂志、媒体素材等资源进行深度融合，分类提炼，在此基础上开发特色课程，以专题讲座、微视频、动手操作、实践调查等形式呈现出来，与基础课程共同实施，有效融合，为学生地理综合素养提高增添内在动力。

2. "灵动拓展"评价主要从学科课程、教师教学、学生学习、团队水平四个要素入手，具体评价细则（见表5-2-4）。

表5-2-4 合肥市小庙中学"灵动拓展"评价表

评价指标		评价标准	权重	等级 A	B	C
学科课程	课程哲学	课程哲学与学校课程哲学一致。	5%			
	课程目标	依据课标，目标清晰，符合学情，重难点突出。	10%			
	课程内容	课程结构明朗，有延伸，内容丰富，易实施。	10%			
	课程评价	评价角度合理清晰，可操作性强。	10%			
教师表现		教师对教材钻研透彻，授课针对性强。	15%			
		教师课堂实施分层教学，教学内容难易度安排合理，符合学生身心发展，教学组织实施得当。	15%			
学生表现		兴趣浓厚，善于思考，积极发表个人观点。	15%			
		学习目标达成度高，在学习过程中体现出质疑、探究、合作等良好习惯，综合素养得到提升。	15%			
团队水平		团队合作创新能力强，能将教和研有机结合，学科品质优秀。	5%			

三、立足"灵动社团"，有效促进地理课程开发

社团是学生自主管理的重要空间，是实施学校课程的良好载体；社团是学校课程建设的有机组成部分，拥有较为突出的文化内涵。"灵动社团"以

"灵动、探究"为核心，用学生喜爱的实践形式、学习方式来探究地理知识、感知地理价值，让其在校园文化建设中起到推波助澜的示范效应，从而形成学校课程文化内涵。

1. "灵动社团"的建设根据不同的社团采用不同的方法。"水生活"社团成立于 2017 年 9 月，社团成立的初衷是向全校师生宣传节约用水，深刻认识水对于我们生活和生命的重要性。经过两年的宣传和积累，我们不仅仅是停留在宣传层面，而是通过大量的调查走访，然后梳理、分析、总结，用大量的生活案例照片和大量的数据向大家展示我们生活的水环境现状，面临的水环境问题，最后我们能为水环境做些什么，定期开展水资源专题讲座，张贴宣传海报，赢得了师生们一致好评，唤醒大家保护水资源的意识，用实际行动来保护我们的水环境。"多彩摄影"社团是近年来很受学生喜爱的社团之一，摄影是人们物质生活日益提高背景下的产物，我校"多彩摄影"社团是更倾向于地理专业素材的摄影，涵盖自然、人文等一系列内容，这些图片可以更好地帮助同学了解地理事物，进而引起大家学习地理的热情，社团每学期定期举行地理摄影展，将优秀作品向杂志期刊推荐，取得了喜人的成绩，以社团作为依托，我校地理摄影队伍逐渐壮大，摄影水平逐年上升。这项活动增强了同学们之间的互助合作意识，学会相互欣赏，提高自我修养。

2. "灵动社团"的评价从多维度进行，具体活动评价表如下（见表 5-2-5）。

表 5-2-5　合肥市小庙中学"灵动社团"课程活动评价表

评价项目	目 标 描 述	等次 A	等次 B	等次 C
课程理念	准确把握课程基本理念。			
活动目标达成	目标明确，活动符合生情。			
活动内容设置	教学内容选择适宜、生动，利于学生理解掌握。			
指导方法	遵循教育规律，受学生喜爱。			
活动组织	逻辑性强，学生主体地位和教师主导作用突出。			
教师表现	知识具有一定的深度和广度，授课轻松诙谐。			

四、设立"灵动节日",唤起学生的环境意识

"灵动节日"的创设目的是唤起学生的环境意识,生活中与地理有关的节日很多,这些节日对于学生来说有着很好的教育意义,每个节日的主题非常明确,我们利用我国的传统节日和国际节日相结合形成"灵动节日"课程,重在让节日文化内涵得以释放,让节日的仪式感得以表现。

1. "灵动节日"的实施是为了让每个学生都动起来,用学生的智慧去营造节日的气氛,学生通过相互协作采用不同方式去突出节日主题,以同伴互助、小组合作、班级合作等方式,用丰富的作品去突出节日主题,培养学生的同伴互助和团结协作意识。

"灵动节日"是创意满满的节日。每个节日都有着明确的主题内涵,有着感人的故事和深刻的意义,在节日里设置一些主题活动很有必要,这些活动可以通过媒体宣传、展板展示、专题讲座、公益活动、亲手制作等形式表现出来,让节日充满仪式感,让节日更有意义,有助于激发学生的环境意识、资源意识、社会责任感。

"灵动节日"是团结协作的节日。我们借"灵动节日"活动的开展,调动学生们的积极性去展示他们的才华,把学生内心世界的想法和创意用作品的形式表现出来,有手抄报、摄影作品、感想、主持演讲等方式,既烘托了节日的气氛,又激发了学生的智慧,有着很好的教育意义。

"灵动节日"是唤醒呼吁的节日。我们开展"灵动节日"大部分是以环境为主题,学科倾向明显,旨在增强学生的资源、环境和社会意识。活动既警醒自己的一言一行,又唤醒了他人的环保意识,使节日主题更加鲜明,更有教育意义。

我们围绕"灵动节日"打造节日文化,让节日文化内涵吐露芬芳,积极宣传人类所面临的资源、环境、社会等问题,唤醒学生环境保护的意识,激发学生学习地理的热情。小庙中学"灵动节日"课程安排表(见表5-2-6)。

表5-2-6 合肥市小庙中学"灵动节日"课程安排表

时间	节日	课 程 实 施	备注
二月	世界湿地日	利用自媒体推荐展示相关素材。	

续 表

时间	节日	课程实施	备注
三月	中国植树节	展板宣传; 在特定区域举行植树活动。	
	世界林业节	展板宣传; 森林绘画系列作品。	
	世界水日	手抄报展示; 举办节水活动。	
	世界气象日	展板展示; 走访考察气象站。	
四月	地球日	手抄报展示。	
五月	国际生物多样性日	在校内大屏幕播放相关视频。	
六月	世界环境日	手抄报展示;变废为宝制作比赛。	
	世界防治荒漠化和干旱日	大屏幕宣传;校内专题讲座。	
	全国土地日	看土地宣传片,写观后感。	
七月	世界人口日	纪录片欣赏。	
九月	国际保护臭氧层日	观看相关视频素材,举办手抄报比赛。	
十月	世界动物日	观看人与自然系列纪录片,写观后感。	
	国际减轻自然灾害日	观看自然灾害专题片,让学生敬畏自然。	
	世界粮食日	观看纪录片;展示手抄报。	
	世界消除贫困日	镜头下的非洲摄影作品欣赏;写观后感。	
十一月	社区与区域规划周	给学校建筑物布局把脉,提出建议。	

2. "灵动节日"课程评价根据"灵动创展"活动主题、活动内容,我们制定了学生作品评价表(见表5-2-7)。

表5-2-7 合肥市小庙中学"灵动节日"学生作品评价表

作者姓名	主题鲜明	选材得当	形式灵活	环保理念	原创性强	精细程度	整体布局得体	等级(A、B、C)

五、开展"灵动实践",推动地理学习方式变革

实践是学生将课本所学的理论知识与生活实际有效地结合,学生在实践中能力得到有效提升,形成发现问题、分析问题和解决问题的良好思维品质,让学生的灵动性得以展示,这个"灵动实践"活动能让学生在实际生活中调查研究问题、解决问题,从而激发学生探究意识,提高学生解决问题的能力,同时产生研究成果和作品。

根据"灵动地理"的实践与操作,设立"灵动探究"活动,引领学生认识地理学的趣味性,将地理探究与地理学科相融合,培养学生个性特长,激发学生学习智慧,提高学生的动手能力,树立思维意识和创新意识(见表5-2-8)。

表5-2-8 合肥市小庙中学"灵动实践"主题

灵动实践活动	时间安排	活动形式	活动目的意义
地理模型制作	4月中旬	班级分享 校级展示	鼓励学生亲自动手参与各种模型制作,从而更好地掌握所学地理知识,激发学生地理学习的兴趣。
地理实验模拟	6月	班级分享 校级展示	通过实验模拟,让学生感受地理学科魅力,了解相关地理原理,激发学生的深度思考。
地理规律探寻	10月	班级分享 校级展示	根据提供的多个现实地理场景素材,用联系的观点引导学生对于地理规律的推理。

探究不但能给学生带来快乐,更能带来学习的乐趣,将所学地理知识、规律运用到地理事象的探究中去,能让学生更好地感受探究的趣味性与重要性。我们制定了"灵动探究"的评价标准(见表5-2-9)。

表5-2-9 合肥市小庙中学"灵动实践"的评价标准

评价项目	评价标准	评价等级		
		A	B	C	D
活动内容	结合学情,符合学生的认知水平和身心特点。				
	选题生动有趣,重点突出,学生参与度高。				
	符合课程的培养目标,为目标的达成服务。				
	体现学校特色,注重创新。				

续 表

评价项目	评 价 标 准	评价等级 A B C D
活动参与	能认真做好活动前期的各项准备。	
	能积极主动发现问题、讨论问题、解决问题。	
	能主动与他人互助合作，交流与分享。	
	能根据活动内容完成活动要求和任务。	
活动效果	自主思考、设计、操作和解决问题，有真实的活动体验。	
	学会与人协作交往，学会反思。	
	知识面拓宽，综合运用知识力得到提高。	
	探究和创新意识得到增强。	

总之，"灵动地理"最终是让学生的地理素养得到有效提升，这才是"灵动地理"课程实施的价值所在，能够把学生培养成有强烈人地协调意识和可持续发展观念，成为传播人地协调思想的重要火苗，激发学生灵动性是地理学习的重要举措，落实立德树人根本任务是"灵动地理"课程实施的最高追求。课程的构建既要体现思想性，又要有严密的逻辑性，往上有源头可溯，往下能够较好地落地生根。清晰的课程脉络既体现了很高的育人价值，又让课程设置彰显生命力，切合生情且突出地理学科特点，才能够唤醒学生地理学习主观能动性。"灵动地理"课程充满活力且富有内涵，能否有效实施决定着课程的成败。"灵动地理"让学生浸润在课程文化之中，让课程文化和理念引领学生发展，引领学校发展，让课程文化吐露芬芳，让五育并举不再成为一句空话。

（撰稿者：夏阳　吴寿虎　朱承华　林绪飞）

第六章

课程的管理贯穿于整个课程实践全过程，课程管理的目的是为了着力优化课程资源，课程管理的重要环节包括计划、决策、组织、实施、控制、总结和提升。课程文化是学校经过多年来的探索和沉淀最终显现出来的，具有本土特色的精神内涵，它着力于育人环境的塑造。学校的教学行为、活动行为都是为着将学校文化更好地传承和发展下去。把握课程管理与文化的联结，让课程管理的目标更加明确，让课程文化更加丰盈。

管理与文化的联结

文化具有传承性、发展性和创造性。学校文化是学校得以发展壮大的基石，是学校精神的源头。学校的课程管理和课程文化具有高度的互补性、一致性。课程管理的首要任务就是让所有教师了解学校文化，热爱校园文化，并愿意为之努力奉献。校园文化犹如澎湃的巨浪推动着每一个人向着共同的目标努力前行，有了共同目标大家就能自我管理、自我提升，自觉地成为文化的继承者和传承人。

　　学校根据已有的文化积累，认真分析自身的优势，准确地定位学校的特色，不断地挖掘、整合各种类型的课程资源，逐步形成一套具有本校鲜明特色的课程。在一定程度上，丰富而又独具特色的学校课程建设由"突出"逐渐走向了"常态"，由关注"外显特征"逐渐走向聚焦"内在特质"。

　　课程旨在让每一位学生获得幸福，让每一个生命个体变得阳光灿烂。在课程管理过程中，学校勾勒出基于核心知识为主体的学科特色教育课程的图谱，在遵循个人学习逻辑的前提下，组织并实施学校的课程规划，对其中本地优秀传统文化进行深度挖掘与巧妙联结，丰富课程内容和资源，充分张扬学生的个性，拓展优秀传统文化中的社会实践体验，积蓄学生个体生存成长的动力和精神，促进学校传统文化的建设与发展，使学校传统文化的价值力量和内涵得以充分释放。以合肥市潜山路学校为例，这是一所有39年历史、两个校区、一百多名教师以及一千多名学生，正处在快速发展中的一所小学。学校以"三自教育，幸福生活"为其教育办学服务宗旨，力求做到让每一位优秀学生在德智体美劳方面都能够得到全面发展，为每一位优秀学生实现人生梦想奠定良好的理想基础。学校英语学科课程群建设以"daily、retell、enjoy、activities、magic"做为课程建设的发展方向，构建了"Dream 英语"的课程体系。这个课程群以培养课程的类型多样、教学目标多元、学生在课堂中获得了更多的快乐为主要目标，将课程划分为 daily English class、retell English、enjoy English、English activities、magic English 五大课程集合型群落。这体现了"Dream 英语"的课程体系结构及理念——以梦为马，不负韶华。"Dream 英语"是在学校课程体系结构下，结合了学校办学的理念，为了实现每位学生的梦想，表达出对不同学科教育的思想与人生价值观的追求，将"语言运用、品格培养和发展思维认识能力"三者紧密地结合在一起，通过开展形式丰富多样、色彩鲜艳有趣的活动，让学生们获得积极向上的情绪体验。这门课程为帮助学生在英语学习及自身成长方面打下基础，帮助学生在彼此联结、丰富多元的英语专业课程中展开自己梦想飞翔的翅膀。

合肥市小庙中心学校地处城乡结合部，综合实践活动"致臻实践"课程让学生在实践中点燃活动热情、体验活动乐趣、学习活动方法、沉淀活动收获、创新活动拓展。课程展现了小小童心看世界的真实体验，从了解自然到走向世界，从探索世界到创新思考，发掘学生实践的无限可能。同时，学校做好基础保障工作，搭建平台，给教师提供发展的空间，给学生搭建活动的舞台。坚持从实践中来到实践中去，并根据学生不同年龄阶段，设置了童心看自然、童心看世界、童心实践创未来进阶式课程目标。利用综合实践活动课程管理和校本课程文化的互补性、一致性特点，将二者有效的联结起来，把握好课程管理和课程文化的内在联系，让我们的课程实施过程更加清新自然，引导学生到达学习的最佳境界。

总之，我们通过明确的学科课程目标，促进学生长足发展，通过优化学科课程框架，让学生在活动中灵动和谐，通过有效的学科课程实施，追求教育的本真，最终实现教育的致臻。

（撰稿者：王慧珍　阮莹）

第一节

Dream 英语：开启梦想的英语学习

合肥市潜山路学校自 2001 年起就已经开设了英语课，目前共有英语专业的教师 8 名。其中一级老师 3 名，二级老师 5 名。两位老师获全国白板课大赛三等奖，一位老师获安徽省微课制作二等奖，一位老师获合肥市微课制作一等奖。多位老师获蜀山区教学比赛一、二等奖。潜山路学校英语教研组，秉承以"面向全体学生，重视小组合作，强调自学获取知识的实践性"的课程理念，围绕学校提倡的"潜心阅读"来发挥小组团队合力。教研组致力打造"Nothing is difficult to a man who wills."的教研组文化。教师在平时的教学工作形成了"同课异构，及时反思"的教研风气。英语组教师积极参加各类分层的教研活动，提高自身的业务水平和专业素养，逐渐形成了积极向上、系统的英语学科教学。为进一步深化学生核心素养教育，我们依据教育部《关于全面深化课程改革落实立德树人根本任务的意见》及《义务教育英语课程标准（2011 年版）》，推进我校英语学科课程建设。

学科课程哲学　发展学生思维能力

一、学科性质

义务教育阶段设置的小学英语课程，对于促进青少年未来国际视野具有重大的教育意义。小学生学习英语有利于他们深刻认识当今世界，增强他们同来自世界各地少年儿童之间的文化沟通意识。学习英语可以帮助适龄儿童形成开放、包容的精神品质以及良好的人文道德素养，通过学习为他们更好地适应未来世界的发展打下坚实的基础。

《义务教育英语课程标准（2011年版）》中首次明确了小学英语课程建设应该同时具备工具性、人文性两个方面的基本特点[①]。就当前小学英语课程建设来看，课程承担着培养小学生基本英语素养和发展英语表达能力的重要任务。学生通过课程的学习不仅可以掌握英语基础知识，还可以发展英语听、说、读、写等各种综合应用能力，同时为树立正确的社会主义核心价值观，实现个人发展目标打下坚实的思想基础。

二、学科课程理念

我校英语学科课程在不断的教学实践中，尤其关注和强调学生们"自主学习、合作学习"的理念。基于此，我们提出"Dream英语"为核心的英语学科课程理念。借助互帮互助的学习模式，鼓励学生通过教师情境创设、组内自学、交流展示、教师点拨、达标反思等五个环节，充分调动小组内"帮、扶、带"。具体诠释为以下五个字母开头的单词构筑的意义。

（一）D: daily 每日

We should read English everyday.

语言的习得过程是知识的积累和运用过程。语言的习得并非三天打鱼两天晒网，必须时时刻刻都在积累中。语言结构和语感的建立都离不开长期坚持，为今后语言知识习得奠定坚实的基础。

（二）R: retell 复述

Repeat the words. Recite the dialog.

语言的习得过程是不断重复的过程。婴幼儿牙牙学语时，就是通过不断地模仿习得语言。根据人类习得语言的规律，复述是有效的学习方法。

（三）E: enjoy 乐享

语言的习得过程是乐于分享的过程。学生在学习英语时正确地拼写字母、单词、问候语以及短文。"Dream英语"课程中设置了乐享式的教学，通过同伴间的相互分享提升语言技巧。

[①] 中华人民共和国教育部. 义务教育英语课程标准（2011版）[S]. 北京：北京师范大学出版社，2012：1.

（四）A: activities 活动

语言的习得过程是活动体验的过程。有效地开展课外活动是对课堂教学的辅助、补充与延伸，丰富多彩的文化活动为文化的传播创造契机。每举办一次活动，学生将新鲜的信息与原始的知识点紧密地联系，对相关的知识条理化、系统化。

（五）M: magic 魔法

语言的习得过程是施展魔法的过程。针对小学生的身心发展特点，教师将书本上的知识与生活结合，通过字母操游戏、英语歌谣、卡通视频、电影片段等多种形式调动学生学习兴趣，促进学生语言技能的发展，让教师和学生共建快乐魔法英语课堂。

总之，"Dream 英语"课程要求教师要遵循学生发展的规律，通过资源联动，有效地激活课堂，让学生练起来、动起来、乐起来。

学科课程目标　帮助学生树立多维目标

依据《义务教育英语课程标准（2011年版）》，结合"Dream 英语"核心能力素养，我们把"Dream 英语"课程按总体目标进行划分确定为语言能力目标、文化品格目标、思维品质目标、学习能力目标。

一、学科课程总体目标

小学英语学科课程总体目标就是为了培养小学生初步的英语语言在综合应用中的运用技巧，通过对英语的学习与实践促进小学生情智体验的发展，提升学生人文素养和语言表达能力。

（一）语言能力目标

语言能力指在听、说、读、看、写等形式中展现的水平。语言能力的培养与主题语境、话句类型、语言知识、文化认同、语言技巧及其学习战略六个基本要素之间有密切的关系。主题语境给予了社交环境；话句类型是培养学生发展语言的重要载体；语言知识本身就是一种语篇所呈现出来的一个表层资料；文化认同本身就是一种语篇所呈现出来的深刻意义；语言技巧是培养学生发展语言技术能力的一种行为路线。语言能力必须通过大量英语学习活动来加强培养，在"人与自我""人与社会"和"人与自然"三个主题的语境引导下，学生达成以下语言能力目标：

1. 认识英语和英语的学习是与个体的发展、国家的发展、社会的进步等密切相互联系的。

2. 要求学生具备一定的英语语感，并且能够在理解与表达中起到充分调动英语语感的能力。

3. 在常见的教学语境中，较为准确熟练地运用已有的小学英语课程语言教学基础知识，理解多种模态定义语句构成文本所需要传递的基本概念内涵要义和具体信息资料，推断文本中作者的思维方式意图、感受作者的态度及其核心价值意识取向，提炼本文主题的基本含义。

4. 分析语篇的结构整体性和组织形式架构、文体形式特点及其逻辑连贯性，理清主要的理论观点与主要事实之间的基本逻辑联系。

5. 在常见的人际交往中，构建正确的交流模式以及和谐的人际交往关系。

（二）文化品格目标

传统文化品格是对优秀传统文化的充分了解和对当代中华民族优秀传统文化的充分认可，表现为社会文化价值意识、人文修养与社会行为价值取向。文化品格的宣传教育活动可以帮助学生树立自己的文化世界观，增强民族文化认同感，培养爱国主义情怀，学会先做人再做事，成为一个具备良好的思想文化修养和社会主义责任感的优秀个体。

（三）思维品质目标

思维品质泛指一个人的思考和个性化的特征，反映他们在思考逻辑性、批评性、创新力等多方面表现出来的知识技能和特长。通过"Dream 英语"课程开展，做好思维引领，发展学生的思维品质素养，在实践活动中有意识地表达出自己的看法，具备初步运用英语方式进行多样化思维的技巧。

（四）学习能力目标

树立正确的英语学习观，积极应用和主动调试英语学习策略，能够从各种渠道掌握学习资源，提升英语的学习效率，选择恰当的学习策略与手段，监控、评估、反思和调节自己的学习内容与过程。

二、学科课程年级目标

依据课标要求，结合我校英语课程总目标和一至六年级的学情，我们设置了英语课程年级目标，以六年级上学期为例，说明学科课程的具体目标（见表 6-1-1）。

表 6-1-1 合肥市潜山路学校"Dream 英语"六年级上学期课程目标表

单元	目　　标
第一单元	共同目标： ○ 知识目标 1. 听、说、读、写（四会）词汇：science, museum, postoffice, bookstore, cinema, hospital。 2. 听、说、读（三会）词汇：ask, sir。 3. 常见方位介词：near, next to, behind 等。 4. 重点句型：—Where is the ...? — It's near/next to/behind ... ○ 能力目标 1. 能够听、说、读、写建筑物名称（四会）词汇，能够听、说、认读（三会）词汇。会区分并且正确运用常见方位介词。 2. 能够理解并熟练运用重点句型。教师帮助学生学会运用 near, next to, behind 等表述方位的介词，完成简单的交际问答。 ○ 情感目标 1. 学会有礼貌地询问某一建筑物的位置。 2. 通过本课的学习，培养学生主动用英语交际的习惯和乐于助人的良好品德。 校本目标： 1. 能够积极参与课堂活动、沟通合作、主动请教。 2. 能够与他人合作完成学习任务、解决问题并报告结果。
第二单元	共同目标： ○ 知识目标 1. 听、说、读、写（四会）词汇：on foot, by bus, plane, taxi, ship, subway, train。 2. 听、说、读（三会）词汇：Mrs, early。 3. 重点句型：—How do you come/get to ...? — I usually come/get to ... ○ 能力目标 1. 能够听、说、读、写出行方式四会词汇，能够听、说、认读三会词汇。能区分 usually, often, sometimes 这几个频率副词的中文意思并正确使用它们。 2. 能够理解并熟练运用重点句型，知道如何询问和回答出行的方式。 3. 在对话交流中使学生养成用英语交流的习惯。 ○ 情感目标 通过学习本课培养学生热爱运动、积极锻炼身体的习惯。 校本目标： 1. 通过自学、交流、合作等方式，运用所学语言表达简单的想法和情感。 2. 能够初步读懂二级英文绘本，初步体会阅读的快乐。

续 表

单元	目 标
第三单元	共同目标： ○ 知识目标 1. 听、说、读、写（四会）词汇：visit, film, see a film, trip, take a trip, supermarket, evening, tonight, tomorrow, next week。 2. 听、说、读（三会）词汇：lesson。 3. 重点句型：— What are you going to do? — I'm going to . . . ○ 能力目标 1. 能够听、说、读、写四会词汇，能够听、说、认读三会词汇。 2. 了解一般将来时的基本结构。 3. 能够理解并熟练运用重点句型，学会询问和回答打算做什么事情。 ○ 情感目标 培养学生做一个能规划自己时间的人。 校本目标： 1. 通过理解拼读规律掌握词汇的发音并能自主拼读单词。 2. 熟练地表达日常问候语，明白学习英语需要每天进行听读练习。
第四单元	共同目标： ○ 知识目标 1. 听、说、读（三会）词汇：penpal, hobby, jasmine, idea。 2. 重点句型：— What are your hobbies? — He likes reading stories. ○ 能力目标 1. 掌握单词、词组 dancing, singing, reading stories, playing football 等并进行现在分词的变化规律总结。 2. 能够运用"What are your hobbies?"句型询问对方爱好，并能用"I like . . ."句型进行回答。 3. 在对话交流中使学生养成用英语交流的习惯，培养良好的语音、语调和语感。 ○ 情感目标 通过学习本单元，进一步提高学生学习英语的热情，培养学生有益于健康的兴趣和爱好，培养学生积极主动参与课堂教学，大胆开口说英语的能力。 校本目标： 1. 在学习活动中积极思考，学会倾听，有良好的思维体验。 2. 能够初步读懂三级英文绘本，初步完成相应的阅读任务。
第五单元	共同目标： ○ 知识目标 1. 听、说、读、写（四会）词汇：factory worker, postman, businessman, police officer。 2. 听、说、读（三会）词汇：country, head teacher。 3. 重点句型：— What does your father/mother/he do? — He/She is a/an . . . ○ 能力目标 1. 能够听、说、读、写职业名称四会词汇，能够听、说、认读三会词汇。 2. 能够理解并熟练运用重点句型。 3. 培养学生的语言运用能力和交际能力，能够灵活运用所学句型进行问答。

单元	目　标
	○ 情感目标 教育学生要积极与他人合作，运用所学英语进行交流。 校本目标： 1. 保持对英语学习的愿望和兴趣，主动参与学习活动，掌握科学的英语学习方法。 2. 能够在英语交流中关注、理解他人的情感。
第六单元	共同目标： ○ 知识目标 1. 听、说、读、写（四会）词汇：angry, afraid, sad, worried, happy. 2. 听、说、读（三会）词汇：chase, mice, bad, hurt, ill. 3. 重点句子：They're afraid of him. The cat is angry with them. ○ 能力目标 1. 能够听、说、读、写几个有关情绪的（四会）词汇，能够听、说、认读三会词汇。 2. 能够正确使用"be＋表示情绪的形容词"描述自己或他人的情绪。 ○ 情感目标 引导学生关心周围人的感受，做一个体贴友善的人。 校本目标： 1. 能初步使用简单的工具书。 2. 了解生活中和网络媒体资源中使用的简单英语，并能融合所学知识达到综合运用。

学科课程框架　培养学生多维度学科素养

英语学科以培养未来合格人才作为教育目的，面向全体学生，通过制定"Dream 英语"课程来满足不同年龄学生的需求，使学生在英语学习过程中形成初步的专业综合语言运用能力，同时培养学生的语言表达能力、学习技巧和思维品质及其文化意识等学科素养。

一、学科课程结构

《义务教育英语课程标准》（2011 年版）明确指出要将语言基础技术、语言基础知识、情绪表达态度、学习发展战略、文化价值意识五个关键要素共同开发组合起来构成了我国英语课程的总体和目标[①]。依据总目标，英语学

[①] 中华人民共和国教育部. 义务教育英语课程标准（2011 年版）[S]. 北京：北京师范大学出版社，2012：1.

科分为听、说、读、写以及综合性学习五大板块，每个板块既互相影响又相互融合。基于此，我校英语课程从"Daily English""Retell""Enjoy English""English Activities"和"Magic English"五个部分建构"Dream English"课程体系（见图6-1-1）。具体表述如下：

（一）Daily English

语言的习得是一个长期的过程，它需要创设相应的语言环境，通过不断的输入、练习，并最终实现准确而又流畅的输出过程。母语的习得尚且如此，作为母语之外的语言——英语更是如此。通过设置Daily English，让学生有机会持续地去接触、感受英语。正所谓"润物细无声"，学生长期浸润其中，必然能实现对英语的深度学习。

（二）Retell

语言与思维之间是联系紧密的、相辅相成、互有依存的。语言的发展离不开人们的思维，因为组织和构成语言的各种词汇与语法准则都是人们思维的产物，而这种思维的活动又要求人们借助于语言去完成。因此学生思维品质的培养离不开语言的练习和锻造。Retell的设置就是为了通过不间断的和不同形式的语言练习，达到培养学生思维素养的目的。

（三）Enjoy English

规范的英语书写和简单的写作策略，是学生进行语言输出的实际需要。写作需要以单词和句子为基础，同时也是对多方面的语言知识进行综合应用和能力培养的一个过程。课程的内容包括了字母的规范书写、单词的正确拼写、句子书写和语篇的创作等。

（四）English Activities

英语专业课程的主要教育目的就是为了培养学生自身综合应用能力，为他们不断地学习英语及未来的发展打下良好的基础。课程设置、活动的组织开展都有助于学生了解和认识这个世界的变迁与多样性，在充分体验中外文化的差异中培养和形成跨越文化的意识，增进对世界的了解，弘扬爱国主义的精神，形成对社会的责任感和自我创新意识，提高广大学生的思想人文品质。

（五）Magic English

语言的习得过程就是需要我们有大量的语言输入。丰富而复杂多样的英语课程学习资源对英语的持续学习特别重要。根据英语教研和学生的共同需求，让学生充分利用各种声乐、书报、网络学习资料等，扩大学生英语知识视野（见图6-1-1）。

图6-1-1 合肥市潜山路学校"Dream 英语"课程结构示意图

二、学科课程设置

围绕"Dream English"学科课程理念，我校英语课程设置如下表（见表6-1-2）。

表6-1-2 合肥市潜山路学校"Dream 英语"课程设置

年级	学期	Daily English	Retell	Enjoy English	English Activities	Magic English
三年级	上学期	A word a day	我爱说单词	玩转字母	动物乐园	神奇字母操
	下学期	A word a day	我爱说单词	玩转字母	动物乐园	神奇字母操
四年级	上学期	A word a day	我是领读员	玩转单词	多彩节日	神奇歌谣
	下学期	A word a day	我是领读员	玩转单词	多彩节日	神奇歌谣
五年级	上学期	A sentence a day	英语趣配音	规范书写我能行	文化世界	神奇卡通
	下学期	A sentence a day	英语趣配音	规范书写我能行	文化世界	神奇网页

续 表

年级	学期	Daily English	Retell	Enjoy English	English Activities	Magic English
六年级	上学期	A conversation a day	绘本我推荐	妙笔生花我在行	我爱传统	神奇光影
六年级	下学期	A conversation a day	绘本我推荐	妙笔生花我在行	我爱传统	神奇写作

学科课程实施　帮助学生形成积极的情感态度

我校的"Dream 英语"课程主要强调从培养学生的学习兴趣、生活体验和认识技能水平的角度出发，倡导学生乐于体验、实践、参与协同交流的学习模式，开发学生在不同领域中的综合语言能力，使学习语言在整个过程中形成积极的语言情绪和态度，提高学生的跨国文化意识和形成自主学习能力。

一、实施 Daily English，让英语浸润生活

（一）Daily English 的概念与要义

Daily English 旨在以"听、说、读、写、综合实践"为中心，打通语言环境的壁垒，给学生一个学英语、用英语的环境，让学生浸润其中，让每个学生每天都有一个具体的任务，一次运用语言的机会，一些新的体会和一份新的收获。将教师和学生的专业学科知识与日常生活中的实际相互融合起来，以各种理论达成方式为主要依托，让课程能够支撑和培养起教师对于学生"语言浸润"，创造出运用语言的机会，充分地激活和调动学生的日常生活知识积累和体验，从而实现 Daily English 的设置目标。

（二）Daily English 的实施与操作（见表 6-1-3）

表 6-1-3　合肥市潜山路学校"Daily English"的内容设置

年级	内　容　设　置
三年级	每日在生活中找到一样事物，并将这个事物对应的单词与同伴交流
四年级	每日制作一张单词卡片，卡片上画图、写单词

续表

年级	内 容 设 置
五年级	每日在生活中用英语说一句话
六年级	每日在生活中与同学或家人进行一次英语对话

（三）Daily English 评价（见表 6-1-4）

表 6-1-4　合肥市潜山路学校 "Daily English" 评价量表

姓名：_____　　年级：_____

评价主体	评价内容	评价标准
家长评价	孩子是否与你们讨论过此活动	A. 经常　B. 很少　C. 不讨论
	孩子对所参加的活动是否感兴趣	A. 很感兴趣　B. 一般　C. 不感兴趣
	孩子在这项活动中投入的精力	A. 很多　B. 一般　C. 较少
	对孩子的学习成果有什么看法	A. 成果显著　B. 一般　C. 较少
	参加活动后，各方面有没有进步	A. 是　B. 有变化　C. 基本没进步
学生评价	你对这一活动是否一直感兴趣	A. 有　B. 一般　C. 基本没有
	你是否经常与其他同学合作研究	A. 经常　B. 一般　C. 很少
	你与其他同学的互动是否愉快	A. 愉快　B. 一般　C. 不愉快
	你对你的活动成果是否满意	A. 很满意　B. 满意　C. 不满意
教师评价	学生对所参加活动的兴趣是否持久	A. 持久　B. 不稳定　C. 不持久
	学生参与的活动对您的教学是否有帮助	A. 有　B. 一般　C. 很少

二、强化 Retell 课堂，夯实基础知识

"Dream 英语"课堂是依托于我校"五环节"的课堂导学模式，面向全体教师和学生，力图充分体现其互动、合作、交流、复述、成长等各类课堂文化的核心作用，坚守"repeat""retell""recite"的学科课程思想和理念，激发全体学生的积极性和学习兴趣，夯实基础知识，引导全体学生积极参与、交往互动，建立基础英语的知识结构和框架，搭建教与学的桥梁，提高学生的学习能力，让我们的课堂教学从以传统教师的经验为依据和基准的、封闭的、单向的"空中楼阁"的教学模式，逐渐转变为以培养学生的个体认知能

力为起点的、开放的、互动的立体空间，在"retell"的互动教育课堂中充分体会了"retell"的乐趣，使学生乐意并且愿意积极地参与到具有现实、探究性的英语互动交流活动中来，能够在 repeat、 recite、 retell 的过程中快乐成长。

（一）"Retell 课堂"的实施方案

"Retell 课堂"学习活动组织或以班级为单位或以小组为单位，教与学的开始点是从自主课堂上讲授到自主学习的导学案；学习的过程是从记住基础知识、做一道习题到自己阅读材料、完成目标任务；课堂的形态从老师讲、学生聆听到走向由师生一起进行展示、讨论的研讨会。"Retell 课堂"主要通过以下五个环节落实：

1. 创设情境。教学情境就是指我们在进行课堂教学中，根据其教学内容，为了落实教学的要求而设定，适合以学习为主体并且被作用于学习的主体，产生一定的情绪和反应的教学过程。创设教学情境活动是激起学生兴趣的重要方式手段，能够调动和提高学生学习积极性与主动性。课前，教师一定要深入备课，选择合适的教学素材，精心进行教学设计。根据不同课堂教学活动目标，教师创设不同的课堂教学活动情境，激发广大学生自主求知学习的积极性，营造一种自主求知学习的课堂氛围，使广大学生能够初步形成良好的自主求知学习心态，对于自己所学习的基础知识能够进行不断探索、发现和认知，从而充分调动广大学生在日常课堂生活中的自主学习活动积极性。

2. 自主学习。学生在课前对照老师发布的自学提纲、自学指导及其他自学思维试题等知识点和自学素材展开充分的自学，并在实践中自主寻找困惑和疑问。通过自学，要求学生能够对所需要掌握的知识内容有一个初步的了解，能够领会其中所有知识点，并且能够初步运用英语表达方式来进行所需要的语言表现。学生能够及时地发现他们在自学中遇到的问题，确定简单的易混点、模糊点并积极地用脑筋去思考进行研究。教师要在深入理解教学内容内涵的基础上设置恰当的问题，引导学生理解并掌握教学内容。

3. 交流展示。这一个环节以师生之间的共同目标进行展示和交流，在自学环节进行一个全方位的学习。学生进行了分组协商，讨论和解疑，教师与学生共同讨论。在课堂上学生通过表演来展示自己解决问题的方法和过程，反映学生自身英语语言综合应用情况。这是一个让学生彼此相互借鉴、共同推动的关键环节，由各个小组负责分析、围绕问题开展交流、讨论，甚至是辩论。教师在活动中要定期巡回，搜集一些学生在讨论过程中仍有可能遇到的困难或在交流过程中生成的一些问题，以备有针对性的点拨。教师可以根据学情特点对学生的学习效果进行分析，将其中的一些"普遍性"的问题与"代表性"的问题加以展现。

4. 点拨提升。学生在相互交流启发后，仍不能解决、不能理解或理解不够深刻到位的地方，教师要给予有效的引导和恰当的点拨。作为教师要清楚何时点拨、点拨什么内容。老师的点拨既是针对学生存在的问题进行点评，肯定好的，指出学习中存在的问题；又是针对学生中模糊不清的困惑，作出准确的反馈；更是对重难点问题的讲解，进行点拨式的说明，归纳方法、规律，教师要话语简练，直奔一个问题，点深点透；还是点拨提升，科学地给予评价，指出不足，表扬优秀。教师针对学习小组中所有人员提出的疑惑和问题进行总结整理，结合自己授课内容进行教学设计，对于学生所提出的困惑和新发现的一些相关问题都进行点拨、引导、分析和讲解。及时对各个小组的成绩和表现给予评价，使课堂因为互动而变得更加精彩。

5. 达标反思。每次教学须建立四名或六名同学一组的自主研究学习小组，当学生做好了检测试题后，小组内进行结对相互修改，学生必须在小组长的监督下及时校正。由小组长向教师汇报本组同学们答题的情况，课终达标评定问题的答案要求能够充分揭示教学的内涵，体现知识点，体现教学的重难点，体现教学内容所蕴藏的各种思想方法，要求它们具有典型性、代表性和举一反三的特点。这一环节被认为是对学生自主实践效果的考核，是学生发现问题、纠错、进步的主要手段。

总之，在"Retell 课堂"中，充分发挥学生的主体作用地位，符合课堂教学中学生自我创新认知的基本规律，充分调动了学生的学习积极性、主动性和参与性，培养了学生的自主创新与社会实践能力，师生之间更加和谐。

（二）"Retell 课堂"的评价标准

多角度、多层次的评价更好的符合了学生认知特征，成熟的评价体系不仅能够准确地反映出教师对所教内容的教学和处理状态，也能反映出学生对所学内容的接纳和运用情况，让我们能够以评促学，以评激教，深刻领略到"Retell 课堂"的教育课程观念，更好的实现教学相长。基于以上分析，根据评价层次和评价角度的不同,我校建立了"Retell 课堂"教学评价表如下(见表 6-1-5)。

表 6-1-5　合肥市潜山路学校"Retell 课堂"学生评价表

授课教师:	上课时间:	班　级:	
学　科:	课　题:	评价人:	

评价项目	评价要点	分值	得分
自我评价	知识重难点的掌握	10	
	自己课堂表现情况	10	
	知识能力的运用	10	
教师评价	课堂听课情况	10	
	课堂发言情况	10	
	课堂检测情况	10	
生生评价	课堂参与热情度	10	
	团队合作意识性	10	
家长评价	教师教学方法是否具有启发性	10	
	学生的能力培养、情感的激发	10	

学生通过自我评价、教师评价、生生互评和家长评价等多维度地去衡量学生对所学内容的完成情况、教师的教学情况,评价形式全面、具体、有针对性。

根据课堂观察角度的区别,我校制定了"Retell 课堂"合作交流表(见表 6-1-6)。

表 6-1-6　合肥市潜山路学校"Retell 课堂"合作交流(小组讨论)表

授课教师:	上课时间:	班　级:	
学　科:	课　题:	记录人:	

第　小组	男生名:	女生名:	组长:	其他:
教学环节	讨论内容	发言内容		评析

续表

观察结果分析	

将小组合作交流的情况完整地记录下来，真实地反映出课堂中小组活动的活动内容和各位组员的活动轨迹，体现小组队员参与情况，便于教师和学生能够根据交流情况适时地调整教学结构，理清学习问题，后续教学才能有的放矢、对症下药。

三、开启"乐享（enjoy）之旅"，探索书写奥秘

小学英语课程标准中提到的"写"，主要是指"书写"。从书写文本的字母开始，教师必须高度重视，以便培养引导学生按规范的笔顺在四线格子里以正确的位置进行书写，让学生养成良好的书写习惯。不同年级的学生能利用所学知识（句型和单词）根据主题来描述内容（见表6-1-7）。

表6-1-7 合肥市潜山路学校"乐享英语"年级安排表

活动 年级	活动目标	开展方式	成果展示
三年级	1. 能在四线格内正确书写26个大小写字母，了解大小写字母的正确占格。 2. 能在四线格内正确书写单词。	1. 教师在黑板四线格示范，注意停顿，慢动作细化笔顺，强调占格。2. 学生临摹。3. 学生自评-小组内互评-教师评价-综合得星	统计综合得星数量，在班级作业榜软板上展示每小队优秀作业。
四年级	注意单词中字母之间的间距以及短语中单词要空格等细节，尤其注意部分单词首字母需要大写。	1. 学生自主抄写单词或短语，注意开头大写，短语中间空格等要求。2. 学生自评-小组内互评-教师评价-综合得星。	1. 用优秀作业榜展示优秀作业。 2. 储备黑板报能手。
五年级	能在四线格内正确书写完整的句子，注意单词和单词之间的间距要适中，首字母需大写，能正确使用标点符号。	以课本为抓手，抄写对话或者短文，注意句子书写三要素：首字母大写、合理间距、标点符号。	成立书写能手队，承担黑板报的编写，并在黑板报上署名。

续 表

活动年级	活动目标	开展方式	成果展示
六年级	可以用简单的句子，表达一个主题，写一小段话（不超过8句话），注意句子和句子之间的合理间距。	趣味小练笔。围绕一个主题展开想象，仿照课文中的句型，用学过的知识描述几幅图片或陈述简单的一件事。	设置手抄报比赛，设计作品展示，颁发相应奖项。

四、开展"English Activities"，培养核心素养

语言学习与文化意识的形成是相辅相成的。英语文化品格意识泛指一个学生在把握当今世界政治经济社会发展的背景下，所表现的一种社会文化价值意识、人文道德修养和一种社会行为价值取向。我校根据此项学习目标，依据小学不同年级的特点，采用了多种文化教育学习实施方法，渗透学生文化世界意识的教育学习，促进学生能够在我们的学校教育期间感受到中外不同文化的巨大差异，培养学生热爱世界、热爱大自然的生活态度。我校制定了"English Activities"活动安排表（见表6-1-8）。

表6-1-8　合肥市潜山路学校"English Activities"活动安排及评价表

活动年级	活动目标	开展方式	成果展示
三年级	把英语学习与美术教育相结合，增强其趣味性，让学生在画中学，玩中学。	学生通过制作"动物世界"为主题的手抄报，看看谁的手抄报设计得更美观、新颖。	制作获奖作品展板及制作奖状、奖章等。
四年级	把文化知识的渗透与学生的动手、美育相结合，让学生在做中学，在做中培养情感。	在特定节日，制作并赠送母亲节、父亲节、教师节、新年卡片，从中了解与节日相关的习俗与知识。	制作优秀作品视频，全校集会上播放，大家共同欣赏，共同学习、进步。
五年级	运用黑板报这一常见的文化阵地向学生介绍、宣传其他国家的相关文化知识，从而提高学生的国际视野和文化自信。	开展"世界文化之旅"黑板报比赛。	设立相应奖项，举行颁奖典礼，获奖作品展示，其间专业老师进行点评。

续表

活动年级	活动目标	开展方式	成果展示
六年级	将中国传统节日与英语学习相结合，让学生在节日期间通过活动的开展学习运用语言，并达到培养学生爱祖国和爱祖国传统文化情感的目标。	中秋节、端午节、春节期间，开展以"我是中国人、我爱中华文化"为主题的小视频制作活动。学生先进行学习，准备好素材，之后用英语讲解介绍中华民族传统节日的起源、历史、习俗等，最后录制成视频。	学校电子大屏幕在课间轮播学生作品。设立创意及制作奖项。

五、"Magic English"，让英语学习多姿多彩

英语本身就像一个颜色繁多的万花筒，美丽而奇妙。小学阶段英语学习需要我们充分考虑到英语本身的特征，体现英语学习的本质，使学生对学习英语有兴趣，树立起学好英语的自信心。"Magic English"针对小学生的认知规律和其心理特点，将各种英语实践教育活动与其他学科实践教学内容有机结合，以小组讨论合作探究的方式设立各种英语实践社团，确定本类实践社团的具体活动目标和主题，商定本类实践社团的活动计划和实施方案。社团的活动紧紧围绕"Magic"一词，把所学的英语知识内容都包含于教育实践中，使学生能够在活动中充分体会到学习英语的快乐。

（一）"Magic English"的实施方案

"Magic English"社团尊重学生的主体地位和个性，培养学生的社会主体性和积极的主动性，把所学英语知识融于学校社团各种活动中，把单调的英语学习过程转化为一种艺术性活动，让学生在活动中有趣、有思考、有合作、有展示、有进步，真正做到学中乐，乐中学。"Magic English"社团给学生提供了丰富的选修类课程，以尊重和发展为前提给予学生充分的选择权，由学生自由选择，经过各方面协调安排，确定社团的组织教师以及学生名单。我校制定了"Magic English"课程表（见表6-1-9）。

表6-1-9　合肥市潜山路学校"Magic English"课程表

年级＼项目	社团名称	活动内容
三年级	神奇字母操	动起来，自编、自创字母操
四年级	神奇歌谣	唱起来，吟唱、舞动英语歌
五年级	神奇卡通/神奇网页	网上冲冲浪，动画网页能看懂
六年级	神奇光影/神奇写作	与影视同行，小小篇章我能写

（二）"Magic English"社团评价标准

社团活动要充分体现语言能力和技巧，活动的内容不能仅仅停留在课本上，需要借助各类媒介，依托所学的专业知识，拓展自己语言的综合能力。"Magic English"的评价方式从社团和学生两个评价角度入手，通过评价社团组织和组员参与的情况，来衡量社团开展是否符合前期愿景，了解学生在社团活动中的参与度，便于教师及时调整社团活动内容、社团组织结构和发展进程。我校制定了"Magic English"评价表（见表6-1-10）。

表6-1-10　合肥市潜山路学校"Magic English"评价表

社团名称：_____　活动内容：_____
指导教师：_____　社团成员：_____

评价项目	评价要点	分值	得分
活动组织	社团名册及活动过程记录详实	10	
	活动主题、内容、形式的合理性和创新性	10	
	活动方案设计的可操作性	10	
	活动照片和学生作品留存完整	10	
	教师指导提供有效的支持性	10	
组员参与	参与活动积极性及表现	10	
	活动中提出设想、建议	10	
	活动中会与别人交流合作	10	
	会用多种方法收集、处理信息	10	
	掌握活动的知识和技能	10	

总之，我校"Dream 英语"课程在"自主学习，小组合作"理念引导下，致力于通过开发和融合多种课程资源，激发学生学英语的兴趣，拓展学

习的领域,促进了学生多维度思维发展。英语学科组全体老师通过确立共同的价值追求和建立合理的评价体系,保障"Dream英语"课程优化实施,促使我们的教研有品、课程有质、教学有趣,让我们的学生在品质课程中体会到英语学习的乐趣,为最终实现自己的梦想而努力。

(撰稿者:阮莹 方焱)

第二节

致臻实践：让学习达到最佳境界

合肥市小庙中心学校现有综合实践活动指导教师 7 人，45 岁以下的青年教师 3 人，专职指导老师 4 人。合肥市骨干教师 1 人。为了适应学校的发展，依据教育部《关于全面深化课程改革落实立德树人根本任务的意见》《中小学综合实践活动课程指导纲要》精神，我们扎实推进综合实践活动课程群建设。

学科课程哲学　开启学生成长之门

一、学科性质

《中小学综合实践活动课程指导纲要》提出：全面贯彻党的教育方针，坚持教育与生产劳动、社会实践相结合，引导学生认识和实践社会主义核心价值观，充分发挥中小学综合实践活动课程在立德树人中的重要作用[1]。

由此可见，综合实践活动课程关注学生个性的发展，同时注重学生综合能力的培养，以实现立德树人为目标。因此，综合实践活动就必须要从学生的个体生活实际和成长需要出发，通过教师有效指导，开展积极的综合实践活动，引领学生在活动中逐渐形成积极参与、自主发现、亲身体验、合作探究、自我完善、责任担当等优秀品质。它是一门旨在培养学生综合素质的跨学科实践性课程。因此，要努力促进多元课程资源的深度融合，形成教育合力，进而开启学生成长之门。"致"通"至"，即优秀或达到极点。"臻"即

---

[1] 教育部：印发《中小学综合实践活动课程指导纲要》[J]. 基础教育课程，2017（23）：4.

美好的境地、境界。我们的教育就是要追求这种致臻，引导学生达到最佳学习状态。

基于以上认识，我们认为，我校综合实践活动课程的核心价值在于让学生在生活中实践，在实践中体验成功和愉悦；在实践中成长，在成长中变得生动活泼，到达教育的致臻点。

二、学科课程理念

依据教育部《关于全面深化课程改革落实立德树人根本任务的意见》《中小学综合实践活动课程指导纲要》的精神，从学生快速发展的需要出发，结合我校综合实践活动课程的核心价值观，提出了"致臻实践"为我校综合实践活动课程核心理念。

1. 以学科融合促进学生全面发展。本课程要求学生综合运用多学科知识，通过理解、思考和解决现实生活中的问题，提升社会责任感、个人责任感、创造精神和实践能力，提高综合素质，以适应当今的社会生活、职业需求和个人发展的需要，适应新时代和新社会的新挑战。

2. 以课程研发创新学生灵动生活。课程要面向学生，且要全面结合学生的生活世界，引导学生在平时的学习生活、社会生活以及在接触大自然的过程中，留心观察，积极探究，提出有意义、感兴趣的活动主题，使学生获得自我认知、社会体认、自然认知，构建知识学习和生活经验的有机联系，不能唯学科知识体系而进行活动设计。

3. 以课程实施激励学生开放参与。本课程激励学生从自己的成长需求出发，拟定活动主题，积极参与并亲历具体实践的全过程，认真感悟并积极践行价值信念。在活动过程中，随着活动的渐渐深入，在老师的帮助下，学生可根据具体情况，对活动的原定目标与形式、管理与方法、过程与程序等做出自主随机调整，对活动不断深挖优化。

4. 以课程评价突出学生综合能力。本课程要突出评价对促进学生成长的积极意义，充分肯定他们活动方式和问题解决方法的多元性，激励学生对自我进行评价，积极与同伴协作交流，乐于分享自己的经验和快乐。要避免简单的等级评价，要将学生在参与综合实践活动过程中的各项表现和获得的成绩，作为评价和考量课程实施情况与学生发展状况的重要标准，对他们参与的具体实践过程和实践结果进行综合性评价。

学科课程目标　促进学生长足发展

在课程哲学和课程理念的引领下，我们认真分析了《中小学综合实践活动课程指导纲要》，为"致臻实践"课程的框架结构和具体实施提供依据和参考。

一、学科课程总体目标

《中小学综合实践活动课程指导纲要》指出：学生要具有价值体认、责任担当、问题解决、创意物化等方面的意识和能力。据此，我校根据小学生年龄及认知特点和具体文化特色，制定了我校综合实践活动课程的总目标。

1. 价值体认：学生通过亲身经历、自主参与少先队活动和相关主题教育活动，参观爱国主义教育基地等，获得积极向上的价值体验。学习相关守则、规范、法律法规，理解公共场所的基本行为规范，并自觉遵守，规范自己言行和思想认识。让集体主义思想、组织生活观念，初步在学生的内心萌芽，培养学生热爱中国共产党、热爱祖国的朴素感情。培养他们坚定的民族文化自信心，不断引导学生树立强烈的民族认同感、自豪感。

2. 责任担当：通过充分结合学生的日常生活实际，开展相关服务活动，学会解决实际生活中的常规事务，帮助学生养成自立精神、自理能力、热爱生活、关注社会的积极态度。愿意参与学校生活和社会生活，形成积极的生活态度和责任心。

3. 问题解决：学生乐意接受教师的引导，善于发现学校生活、家庭生活中、社会生活中出现的现象，有针对性地提出自己感兴趣的、大家普遍关注的问题。能把问题转化为课题认真进行探究，学习、体验、践行课题探究的过程与方法，提出个性化的想法，逐步形成探究问题、解决问题的能力。

4. 创意物化：通过实际动手操作，初步掌握设计与制作的一般过程和方法并形成个人技术和能力，善于运用信息技术和现代化手段，科学设计并精心制作出有特色、有创意的作品。学会运用简单的信息技术手段，解决实际生活中的问题，为自己的实际学习和生活服务。

二、学科课程年级目标

为了推动学生整体发展,依据《中小学综合实践活动课程指导纲要》的要求,结合我校学生的身心发展特点,充分整合和调动学生的认知、行为、情感等因素,设置了我们学校的年级目标(见表6-2-1)。

表6-2-1　合肥市小庙中心学校"致臻实践"课程年级目标

课程类型	年级	目标
致臻探究活动	一、二	共同目标: 提高学生发现问题、探究问题、组织材料、分析和利用信息的能力。在社会生活中不断践行并形成规则意识。 校本目标: 通过自主观察、实施访问、实地考察等方式,收集日常生活中的各种标志,理解其含义。开拓学生知识视野、培养安全意识、提高自身能力。
		共同目标: 1. 善于探究学习方法、分析学习存在的问题,养成良好的学习习惯。 2. 了解学习的重要意义。 3. 培养良好的学习习惯。 校本目标: 1. 通过开展主题鲜明的班队会,有意识的引导学生了解良好学习习惯重要性,从而自觉的重视学习。 2. 了解和观察身边的同学在读写姿势、文明言行等方面的习惯,发现优点,查找不足。用班队会、私下交流等方式,讨论、总结我们平时存在哪些不良学习习惯,认识它的严重危害。 3. 常态化的开展学习习惯讨论、交流活动,相互指出不足,帮助同学制定整改方案,不断提高、共同养成良好学习和行为习惯。
		共同目标: 1. 认识生活中的蔬菜。 2. 了解蔬菜对我们身体发育的重要作用。 校本目标: 1. 通过访问、交流了解同学们对吃蔬菜的态度。 2. 到菜市场或菜田考察蔬菜的形状、种类,培养学生科学的饮食习惯。
		共同目标: 通过观察、访问、实地考察等方式,了解认识我们的校园设施和校园文化,培养学生爱校如家的情怀,了解校园安全知识。 校本目标: 1. 了解我们的校园,知道校园是我们快乐成长的地方。 2. 认识周边生活环境,知道家乡人文地理和风土人情,培养学生热爱家乡的美好情感。

续 表

课程类型	年级	目标
	三、四	共同目标： 通过访问、调查、实地考察等多种方式，培养学生勤俭节约的良好习惯。 校本目标： 1. 了解生活中的浪费现象，设计有针对性的节约方案。 2. 开展节约（合理用电、光盘行动、减少一次性用品使用）倡议与行动，并记录、分析效果，提高实践能力，增强节约资源意识。
		共同目标： 学生通过有效参与活动，学会观察、分析、讨论，提高动手能力，培养创新精神。 校本目标： 1. 引导学生在观察、分析、讨论日常生活中一些用品、物件使用过程中的问题。 2. 学习和运用发明创造的多种方法，针对发明创造对象进行功能改进或重新设计，并在实际生活中加以应用和检验。
		共同目标： 不断增强学生对大自然的关注度、热爱大自然的情感，提高学生对自然科学探索的兴趣。 校本目标： 1. 留心观察身边常见的动物，了解它的种属和特征。 2. 通过小实验，小调查等实践活动，对一种或多种动植物进行分析与研究，了解它们的生活习性，并养成自觉保护动植物的习惯。
		共同目标： 通过调查了解、收集资料、整理分析，了解身边的环境问题，增强环境保护意识。 校本目标： 1. 收集资料、了解垃圾分类和处理的有关知识，调查、了解我们生活实践中是怎样处理生活垃圾的，并认识到这样做好不好。 2. 分析现状和存在的问题，并通过讨论、调查、研究、交流等手段，有针对性地提出改进措施。为家庭、学校、社区的废物设施、处理方法等，设计有效升级方案。
	五、六	共同目标： 通过调查了解、收集资料、整理分析，增强学生对祖国传统文化的探究意识和强烈认同感。 校本目标： 1. 结合季节对传统习俗进行调查。通过上网查阅资料、调查访问及实地考察等对端午节、中秋节、重阳节、春节等一个或多个传统节日进行相关调查，了解我们中华民族传统节日的来历、风俗习惯、节日故事等。 2. 参与与体验该节日的1—2种习俗，并进行交流分享。

续表

课程类型	年级	目标
		共同目标： 不断丰富学生生活经验，逐步锻炼学生动手实践能力。 校本目标： 通过开展调查研究、实地考察、网上资料收集等实践活动，帮助学生了解各种生活小经验、小妙招，不断丰富学生的生活经验，并引导学生通过动手实验辨别真伪，并为真实的小窍门设计精彩可行的宣传方案。
		共同目标： 不断增强学生认识家乡、热爱家乡的情怀，培养从小建设家乡和报效祖国的伟大志向。 校本目标： 通过开展社会调查、访谈问询、考察参观等实践活动，了解和感受家乡近年来在衣、食、住、行、用等方面的巨大发展和变化，并为之感到自豪。并通过作文、摄影、手抄报、绘画、讲身边故事等活动形式，将家乡的变化呈现出来。
		共同目标： 收集信息，学习了解学校和社会中的常见规则，如《中小学生守则》《中小学生行为规范》、文明行为准则、交通规则等，不断增强学生遵守规则的意识。 校本目标： 1. 观察同学和社会公民在遵守规则方面的实际表现。 2. 通过访谈或问卷调查了解人们遵守规则的情况。 3. 针对观察、调查中发现的实际问题，就如何提高人们规则意识，提出合理的意见和建议。
		共同目标： 积极主动参与学校生活，有意识培养学生项目设计和规划的能力，培养学生团队精神和合作意识。 校本目标： 1. 在研学游前，要求学生上网查阅相关资料、查阅相关书籍，掌握即将考察场所的相关情况。通过交流、归纳，针对学生想了解却暂时未了解的知识，自主提出普遍想研究的问题，并对考察方案进行科学设计。 2. 通过明确的考察任务和目的，驱动学生积极探究，促使实践活动有效地开展，获得真实的结论，达成研学考察的真正目标。
		共同目标： 通过调查了解、收集资料、整理分析，培养健康饮食意识。 校本目标： 1. 调查、交流同学们吃（喝）零食（饮料）的现状。 2. 通过调查访谈、查阅资料，了解"三无"小吃对健康的危害，掌握科学选择小吃的方法。 3. 学会自己制作1—2种健康零食（饮料），并能就制作方法和优点在班级里进行交流分享。

续 表

课程类型	年级	目 标
致臻服务活动	一、二	共同目标： 学习并掌握一些劳动技能技巧，能够照顾好自己，养成良好的自理习惯。 校本目标： 1. 清洁个人生活用品：会洗手帕，会刷鞋，会自己刷牙、洗脸，会整理自己的洗漱用品等。 2. 学习用品分类：根据需要正确准备学习用品，可以合理分类收集学习用品。 3. 清洁居室卫生：不随意乱放物品，学会打扫房间，学会垃圾分类，合理整理自己的房间，学会整理自己的衣物等。
		共同目标： 积极主动参与集体劳动，体会劳动的快乐，并自觉珍惜劳动成果。 校本目标： 1. 搞好班级和卫生区卫生，积极主动擦黑板、开关灯、会扫地、拖地、整齐摆放桌椅等。 2. 帮助老师、家长等人，做力所能及的事。 3. 给校园花坛做栅栏、除草、修剪花木等。
	三、四	共同目标： 培养学生积极参与公益劳动，懂得"帮助别人，快乐自己"的道理。 校本目标： 1. 寻访身边的"小雷锋"，总结分析他们的事迹。 2. 根据自身情况，设计自己（小组）的学雷锋行动计划，并开展实际行动，做新时代的"小雷锋"。
		共同目标： 通过有效开展劳动实践活动，帮助学生端正劳动态度，养成劳动习惯，争做家庭小主人。 校本目标： 1. 帮助父母做自己能做的事（整理饭桌、洗碗筷、择菜、洗菜、洗水果等）。 2. 学会一些简单衣物的清洗、晾晒和整理收纳的方法。 3. 知道如何在家中安全的用火、电和煤气，以及如何防止触电和火灾。学习如何正确的进行自救、急救并在危险来临时逃生。
		共同目标： 提高学生的公益情怀和助人热情。提升团队协作的意识。培养学生设计与策划活动的能力。树立环保意识。 校本目标： 1. 收集闲置的书籍、学习用品、玩具、衣物等物品。 2. 策划并组织爱心义卖活动，并在教师建议下合理使用义卖收入。

续 表

课程类型	年级	目 标
		共同目标： 培养学生积极参与校园义工服务活动，增强团队合作意识，积极参与到义工服务活动中去。 校本目标： 1. 通过考察、访问，了解岗位不同，承担职责和具体要求也不同。 2. 学习开展服务的方法，了解相关注意事项。 3. 开展持续、有效、多样的校园志愿服务活动。 4. 利用多种形式对学校和班级的志愿活动进行充分的展示，彰显个性和特色，交流成功经验。
		共同目标： 引导学生从小树立保护环境、节约资源、人人有责的观念和意识。 校本目标： 1. 调查和发现身边存在的环境问题。 2. 分析可以采取的措施和解决办法。 3. 进行环境保护相关知识宣传，积极倡导绿色生活方式。
		共同目标： 提高爱心助人、团结合作的思想和意识，增强活动策划与设计能力，创新能力，初步树立"循环经济""绿色生活"的环保意识。 校本目标： 1. 收集闲置的书籍、学习用品、玩具、手工艺品等物品，进行创意设计。 2. 独立组织、策划和开展慈善销售活动，能够独立、合理地使用慈善销售收入。
	五、六	共同目标： 初步树立"老吾老，以及人之老"的意识，主动关心帮助身边有困难的老人，增强学生的社会责任感。 校本目标： 1. 积极主动的关心身边的老年人，经常和他们沟通和交流，了解他们生活中存在的实际困难。 2. 坚持为身边有困难的老年人做一些实实在在的、力所能及的事，不求回报。
		共同目标： 培养学生对公益事业的热情和为他人着想的意识。积极为有需要的人提供服务和帮助，增强学生的社会责任感。 校本目标： 长期坚持以周边福利院、安老院和社会救助机构为单位，开展义工服务活动，教育学生成为充满正能量的、传递阳光的人。
		共同目标： 帮助学生树立珍惜生命、远离毒品的意识和社会责任意识。 校本目标： 1. 通过邀请专家开展讲座，网络收集资料，观看禁毒纪录片、图片展览等活动，帮助学生初步了解毒品的危害性，获得毒品预防知识。 2. 承诺自己能够拒绝毒品，珍爱生命。 3. 制作个性化禁毒宣传手册，并在社区推行"远离毒品，珍惜生命"的宣传活动。

续 表

课程类型	年级	目 标
		共同目标： 培养学生热爱劳动，勤于动手，积极主动参与劳动的美好情趣。 校本目标： 1. 在农村播种、收割等农忙季节，主动参与各种农事活动。 2. 体验生产劳动的艰辛和快乐，掌握一定的劳动技能。
致臻操作 活动一 （信息 技术）	三、四	共同目标： 知道什么是信息技术、初步了解信息技术对于我们的生活十分重要，帮助学生初步建立信息安全意识。 校本目标： 1. 认识计算机的硬件，学会基本操作。 2. 了解计算机常用的简单软件，掌握基本知识，学习这些软件的基本操作。
		共同目标： 学会使用键盘输入汉字，并逐渐熟练。 校本目标： 认识键盘的结构和相关知识，学会基本指法，并学会用键盘输入的方法。
		共同目标： 努力培养学生在网络上搜索信息的能力，提高判断真实信息和虚假信息的能力。 校本目标： 启动浏览器，浏览网站，利用搜索引擎搜索并获取自己需要的信息，在此基础上，学习保存需要的网页。
		共同目标： 学习画图类软件的使用，联系生活实际会用画图软件画出身边的事物。 校本目标： 1. 熟练掌握计算机键盘及鼠标的操作，为后期学习打基础。 2. 在调查、构思、设计绘画母本的过程中，形成相互协作、共同完成任务的意识。
	五、六	共同目标： 知道文件在信息管理中的重要性，掌握文件查看的方法。 校本目标： 1. 掌握新建文件夹，以及复制、移动、删除文件的操作方法。 2. 学习如何设置共享文件夹和文件的共享方法。
		共同目标： 增强信息管理意识，培养学生利用计算机软件设计与创作自己作品的能力。 校本目标： 1. 掌握 Word 的功能，学习在演示文稿中的简易操作。 2. 掌握动画效果的简单设置，学习预览、保存、打印文稿等操作，为演示文稿设置动作和超链接。

续表

课程类型	年级	目标
		共同目标： 教育学生文明上网、安全上网，树立安全意识和自我保护意识。 校本目标： 1. 学会电子信箱的申请并能够正确地使用邮件，知道垃圾邮件的辨别方法及危害。 2. 学会使用一种即时通信工具。 3. 申请网络博客，并发表个人博客。 4. 初步了解计算机病毒是什么，学会对计算机病毒进行查杀。
		共同目标： 初步了解网络侵权现象及严重后果，增强信息安全意识和自己在网络中的社会责任。 校本目标： 1. 学习拍摄图像、视频，可以用电脑对自己的作品进行简单的操作。学习批量操作图像文件，调整图像的色调、明暗，图像裁剪，添加边框，生成电子相册等。 2. 学习用视频编辑软件捕获视频片段、合并视频并转换视频文件格式等。
		共同目标： 提高学生信息技术学习与创新的素养，进一步加强网络侵权的教育，不断增强文明使用信息技术，有效进行自我保护的能力。 校本目标： 1. 录制声音，保存声音，理解声音文件的基本格式，连接、混音，剪切声音片段，设置渐变效果，转换声音文件的格式等等。 2. 体验信息技术的神奇，知道它给我们生活、学习带来的变化。
致臻操作活动二（劳动技术）	一、二	共同目标： 提高动手操作能力及探究兴趣。 校本目标： 1. 选择日常生活中的多种材料，制作简单的玩具。 2. 探究、交流操作方法，学会与别人交流分享。
	一、二	共同目标： 体验动手操作给我们带来的极大乐趣，初步学习一些简单的手工制作方法。 校本目标： 学生通过亲自动手制作折纸、纸编、纸贴画等，掌握纸工的简单技法，体验制作过程中无限的快乐。
	三、四	共同目标： 了解健康的饮食对于我们健康成长的重要性，明白："劳动创造美好生活"的道理，养成积极端正的劳动态度。 校本目标： 1. 掌握几种简单的家常菜烹饪方法。 2. 学会煮稀饭、面条、饺子，以及简单面食的制作。 3. 通过调查、研究、分享，了解健康饮食的重要意义。

续　表

课程类型	年级	目　　标
		共同目标： 了解技术是提高生产力的重要因素之一，培养学生的良好的审美情趣和创新实践能力。 校本目标： 1. 学习布艺、刺绣、编织、纸艺、插花艺术等传统手工艺品生产技术。 2. 培养学生的创新精神、动手能力和审美情趣。
		共同目标： 学习木工基本技艺，能将自己的创意体现到作品中，逐步提升学生的动手能力，体会中国千年木工文化及工匠精神。 校本目标： 1. 使用手工锯、曲线锯、木板、KT板、乳胶、砂纸等工具和材料，初步掌握木工直线锯割和曲线锯割技术，尝试制作自己的创意作品。 2. 作品展示，交流心得，体验创意的精彩，感受工匠精神。
		共同目标： 了解技术进步对社会进步的重要推进作用，不断增强精益求精的意识，培养自主探究、创新的习惯。 校本目标： 1. 了解自己家里的家用电器的种类，性能及作用。 2. 了解1—2种家用电器的演变发展情况，理解发明创造对人类进步的重大意义。 3. 学会阅读家电使用说明书，与家长沟通学习正确使用家用电器及简单的安全保养常识。
	五、六	共同目标： 会根据自身操作的实际需要，正确选择机械和工具，培养学生探索创新能力。 校本目标： 1. 观察五金店或调查家庭中的常用工具和简单机械。 2. 能运用调查表，对身边的常用工具和简单机械的名称、性能、用途等归纳整理。 3. 认识其性能、原理、用途，并学会使用常用工具和简单机械。
		共同目标： 培养学生的设计与创新的能力；增强学生的环境保护意识。 校本目标： 1. 了解中国古典建筑的一般结构特点。了解家乡传统建筑的基本式样与风格以及使用材料与功能。 2. 能利用废旧材料制作民居、创意建筑的模型。 3. 初步了解建筑图纸的阅读，能进行简单的图纸设计，并突出自己的设计理念。

续表

课程类型	年级	目标
		共同目标： 在动手过程中，激发创新精神，提高动手实践能力。 校本目标： 1. 在生活中收集各种材料和用具，特别是一些废旧物品，利用它们尝试进行创意设计，制作简单的玩具、模型等。 2. 作品展示，交流心得，体验创意的精彩。
		共同目标： 感受中国民间艺术的魅力，了解生命意义和价值，提高安全意识和自我保护能力。 校本目标： 1. 通过调查，了解绳结种类、符号。 2. 学习救生结等绳结的编织技法。 3. 学习中国结和其他装饰结的设计与制作。
致臻体验活动	一、二	共同目标： 用行动志愿加入少先队组织，立志成为一名优秀的少先队员。 校本目标： 1. 让学生知道少先队组织含义和入队标准。 2. 通过引导，使学生有强烈的入队意愿。
		共同目标： 通过庄严而充满仪式感的入队活动，使得新队员明确自己特殊身份和重大责任，为队员在组织中更快成长奠定基础。 校本目标： 1. 召开预备会，使学生了解入队议程，掌握入队标准。 2. 组织举行入队仪式，让队员体验作为少先队员的荣誉感、责任感。 3. 通过专题队会，让队员了解并掌握一名优秀少先队员的标准，并以此严格要求自己。
		共同目标： 增强队员的组织认同，增强他们积极主动地向往和参与组织生活的激情。 校本目标： 1. 了解少代会的组织意义。 2. 评选优秀少先队员，优中选优，推荐参加上级少代会。
		共同目标： 了解党、团、队的组织和领导关系，树立积极向上、追求进步、报效祖国的远大理想。 校本目标： 1. 了解、区分旗的特点及含义。 2. 了解党、团、队旗共性，达到认识组织标志及意义。 3. 简单了解组织间领导和发展关系，树立向团、党组织看齐、靠拢的意识。

续 表

课程类型	年级	目 标
	三、四	共同目标： 引导学生形成合理理财意识，养成勤俭节约的良好习惯，明白父母的不容易，从而引导学生怀有感恩之心。 校本目标： 1. 通过制订每日家庭购物计划、详细记录自己的每日开销、管理好自己的零花钱。 2. 了解购物小常识、自购学习用品。 3. 尝试当家一天，体会父母的不容易。
		共同目标： 增强学生参与服务的意识，提高发现问题的能力。 校本目标： 1. 通过访问、考察等方式调查与了解本校各种校园文化活动的实施要求。 2. 选择自己感兴趣的活动参与其中，从中发现问题，提出改进措施。
		共同目标： 增强学生对本地自然环境和本土人文的了解，提高生活技能，增强个人民族身份的高度认同。 校本目标： 1. 在准备外出考察的前期，利用网络搜索、典籍查阅等方法，了解考察对象的周边自然资源和本土文化，避免空研学现象。 2. 提出研究问题，设计考察方案。 3. 考察前明确考察任务，驱动有效地开展实践活动，并通过研学笔记，考察心得交流等形式，引导学生获得研究结论。
		共同目标： 在活动过程中，提出自己想研究的问题，在参观和考察过程中尝试解决问题，增强爱国主义情感和国家认同感。 校本目标： 1. 利用查阅网络、书籍等多种方法与途径，了解要参观考察的爱国主义教育基地、国防教育场所的基本情况、资源内容与特点。 2. 书写考察心得，感悟我们今天的幸福生活是不容易得到的，体会到党和祖国的伟大。
	五、六	共同目标： 让每个学生在集体生活中，茁壮成长、成功。学会感恩身边的每一个给予过自己帮助的人，特别是父母、师长和同伴。 校本目标： 1. 一起过10岁集体生日，凝结友情，增强集体凝聚力。 2. 认真梳理自己在集体中成长的点点滴滴，认真确定下一步自己和集体新的成长目标。 3. 交流父母、师长、同伴在我们个人成长过程中的积极作用。

续 表

课程类型	年级	目标
		共同目标： 让学生能将个人成长与国家命运联系起来，从小就为实现中国梦的伟大理想而不懈奋斗。 校本目标： 通过采访自己的亲朋好友及社会各行业的成功人士，了解他们的个人成长、发展与祖国日益强大的关系。从而激励学生不懈努力，强化本领，提高才干，为实现中国梦做出自己应有的贡献。
		共同目标： 继承爱惜粮食的传统美德。培养尊重他人劳动成果的意识和习惯。 校本目标： 1. 通过向长辈咨询、了解，结合自己实地考察农民伯伯，了解当地主要粮食作物的种类和现状。 2. 通过亲自观察农作物缓慢的生长过程，亲身体验农作物的田间栽培与管理，感悟"一粥一饭，当思来之不易；半丝半缕，恒念物力维艰"的道理。
		共同目标： 在参观和考察过程中，增强学生爱国主义情感和国家认同感。 校本目标： 1. 利用网络、书籍等多种途径，了解要参观考察的禁毒教育基地、安全教育基地、红色旅游区、国防教育场所的基本情况、资源内容与特点。 2. 针对参观考察过程和自己的思考，提出自己想研究的问题，并在参观和考察过程中或之后尝试解决问题，增强爱国主义情感和国家认同感。

学科课程框架　让学生在活动中灵动和谐

基于学生发展的实际需求，设计综合实践活动主题和具体内容，选择相应的活动方式，实现课程框架体系与学校课程文化的联结，回归教育的本真本色，探究教育形式的灵动和谐，激发学生实践情趣。

一、学科课程结构

依据"致臻实践"的学科理念和课程目标，我校设置了"致臻探究""致臻服务""致臻操作（一）""致臻操作（二）""致臻体验"五大类，构建课程体系如下（见图6-2-1）。

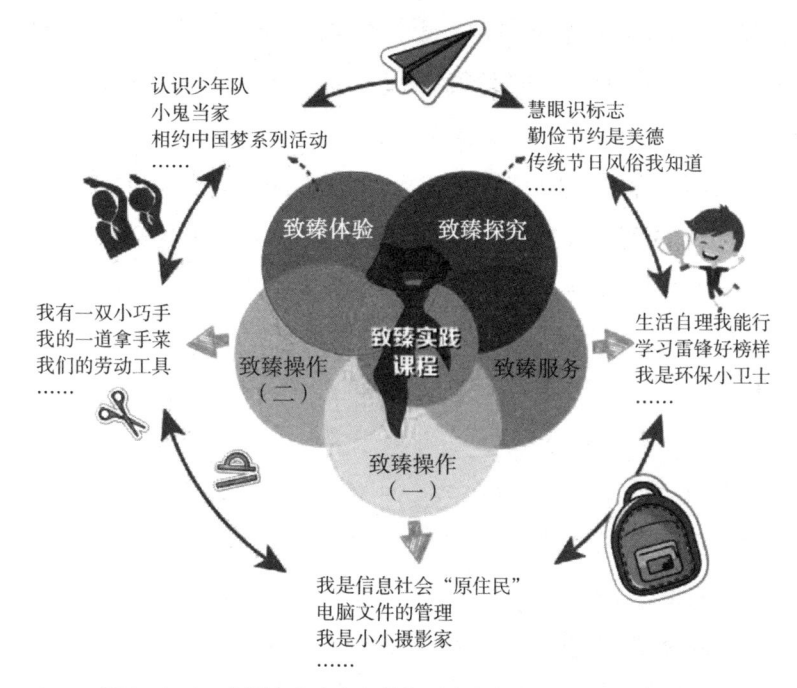

图 6-2-1　合肥市小庙中心学校"致臻实践"课程结构示意图

具体表述如下：

1. 致臻探究。学生在教师的指导下，基于学生自身兴趣，结合学校文化特点，从自然、社会和儿童个性生活的实践中选择和确定研究课题，开展探究性活动。在问题发现、问题解决、整理方法的过程中，自己去获得知识，形成批判质疑、理性思维和乐于探究的品质。考察探究的关键在于发现问题、提出假设、选择方法、研制工具、获取证据、提出解释或观念，通过交流、评价探究成果，最后进行反思和改进。

2. 致臻服务。要求学生要在教师的合理引导下，走出学校，走向社会，积极参与社会服务活动，用自己的付出，服务社会组织或他人，如公益活动、志愿服务等，它强调学生在满足被服务者需要的过程中，获得自身成长与发展。服务的关键是要明确服务对象与需要、制订服务活动计划、开展服务行动、反思服务经历、总结活动经验。

3. 致臻操作。分为两类。致臻操作（一）：关注学生运用各种劳动工具、机械，包括信息技术等手段进行创意设计，并通过自己动手操作，将创意、方案，转化为对象或作品，如舞蹈编排、手工制作、糕点创意、航模创作等，着重提高学生的技术意识、动手操作、创新思维等能力。致臻操作（二）：关注学生设计制作的理念、创意设计、选择活动材料或工具、动手制作、交流展示物品或作品，反思与改进。

4. 致臻体验。致臻体验是学生在老师的指导下，深入到某个具体的工作岗位或特定的模拟情境中实习、见习，实现职业角色的个人体验。这里强调让学生对职业生活有真实认知，展示专长，培养学生劳动意识，提高学生的劳动技术和能力。职业体验要素包括：选择或设计职业情境、实际岗位演练、总结、反思和交流成败。及时总结经验，并在实际中应用。

二、学科课程设置

在学科课程指导下，全面规划综合实践活动课程，将培养目标、学校特色、学校办学理念等融入课程中。依据学生个人发展的实际情况和学校特有的文化，整合周边的教育资源，对综合实践活动课程进行系统设计，形成我校该课程的总体实施细则。同时还要针对小学生年龄特征、个性发展的需要，拟定不同学年段的活动计划和有针对性的实施方案，服务于学校的统筹管理。基于上述活动形式，结合我校的文化特色和学生发展的需求，将相关学科进行有机整合，对我校"致臻实践：让学习达到最佳境界"课程作如下设置（见表6-2-2）。

表6-2-2　合肥市小庙中心学校"致臻实践"自主开发课程设置表

课程类型	学段	活动主题
致臻探究活动	一、二	慧眼识标志
		我是学习小能手
		亲亲果蔬
		校园是我家
	三、四	勤俭节约是美德
		小小发明家
		我与植物做朋友
		垃圾分类我能行
	五、六	传统节日风俗我知道
		我是生活小能手

续表

课程类型	学段	活动主题
		慧眼识家乡
		生活规则大调查
		趣味研学游
		食品安全大调研
致臻服务活动	一、二	生活自理我能行
		我是小劳模
	三、四	学习雷锋好榜样
		我是家里小主人
		红领巾爱心义卖行动
		我是小小志愿者
	五、六	我是环保小卫士
		"小创客 大梦想"爱心义卖行动
		我是孝亲敬老好少年
		走进敬老院、福利院
		我是禁毒宣传员
		农事季节我帮忙
致臻操作活动（信息技术）	三、四	我是信息社会的"原住民"
		打字能手争霸赛
		火眼金睛看网络
		电脑绘画大赛
	五、六	电脑文件的管理
		演示文稿展成果
		网络安全我知道
		我是小小摄影家
		生活中的数字声音
致臻制作活动（劳动技术）	一、二	我的小手 我最棒
		我有一双小巧手
	三、四	我的一道拿手菜
		巧手工艺坊
		创意制作坊
		安全用电我知道

续表

课程类型	学段	活动主题
	五、六	我们的劳动工具
		劳动成果作品展
		创意设计与制作大赛
		奇妙的绳结
致臻体验活动	一、二	认识少先队
		入队仪式
		"红领巾"监督岗
		"红领巾心向党"系列活动
	三、四	小鬼当家
		系列校园文化活动
		走进博物馆、社区、田间地头、纪念馆
		渡江战役纪念馆研学、祭奠英雄先烈
	五、六	10岁集体生日会
		相约中国梦系列活动
		光盘行动,从我做起
		去大蜀山烈士陵园缅怀先烈、参观小蜀山军事基地

"致臻社团"活动,不仅能够对学生产生潜移默化的教育意义,还能有效地培养学生的价值兴趣、实践能力和创造精神。为了更好地落实课程育人目标,我校的"致臻社团"活动已成为校园文化重要的组成部分。用丰富的社团活动,让每位学生"悦"参与、"动"起来。让学生在活泼、灵动、和谐、多元的活动中体验快乐,在快乐中回归成长的本真。基于这样的理念,我校在落实自主开发课程的基础上,有机融合其他课程资源,联系我校"怀仁爱之心,行明礼之道,育文雅之人"的办学理念,开发了以"雅"为主题的系列社团活动,以促进学生全面发展(见表6-2-3)。

表6-2-3 合肥市小庙中心学校"致臻社团"活动安排表

年级	学期	雅言社团	雅智社团	雅创社团	雅艺社团	雅健社团	雅心社团
一年级	上学期	童言万花筒	拼图道场	科之趣趣之声	开心童画、琴瑟和鸣、趣味汉字、百灵之声	雏鹰足球绳舞足蹈楚汉相争	快乐宝贝(一)
	下学期						

续 表

年级	学期	雅言社团	雅智社团	雅创社团	雅艺社团	雅健社团	雅心社团
二年级	上学期	妙语大拼盘	东南西北		剪剪乐吧泥塑世界、琴声悠扬、趣味书法	雏鹰足球绳舞足蹈楚汉相争	快乐宝贝（二）
	下学期		顺藤摸瓜				
三年级	上学期	雅语小学堂	刀斩乱麻	科之旅乐之韵	石头空间、鼓乐声声、轻舞飞扬、墨香斋	足球新秀楚汉相争绳舞飞扬乒乓小将	幸运达人（一）
	下学期		闻一知十				
四年级	上学期	舌之剑	神机妙算		创意素描、诗情画意、舞之雅韵、书艺空间	足球新秀楚汉相争绳舞飞扬乒乓小将	幸运达人（二）
	下学期		审思明辨				
五年级	上学期	美语花园	举一反三	科之探创之意	动漫世界、水墨情怀、妙笔生花、天籁之声	足球新星楚汉相争绳舞飞扬乒乓小将	七彩童年（一）
	下学期		火眼金睛				
六年级	上学期	少年讲坛	歧路亡羊		彩铅之乐、风琴声声、经典流传民族风情	足球新星楚汉相争绳舞飞扬乒乓小将	七彩童年（二）
	下学期		运筹帷幄				

根据学校具体文化特色，综合实践活动方式的划分，课程设置均是相对的，要避免活动形式的单一化、教条化。应该整合资源，多元实施，让各个活动元素融汇贯通、相互渗透。要重视活动效果的物化创新，有效促进问题解决、交流协作、成果展示与分享等。

学科课程实施　追求活动教育的致臻

《中小学综合实践活动课程指导纲要》中明确指出：要坚持评价的方向性、指导性、客观性、公正性等原则，突出发展导向[1]。在综合实践活动课程实施中，我校提出了四个方面做法：一是明确认识，让学生及时获得关于学习过程的反馈，改进后续活动，逐渐优化我们的课程设计及实施方案。二是在开展活动过程中，强调写实记录。让学生在教师指导下，利用活动记录

---

[1] 教育部：印发《中小学综合实践活动课程指导纲要》[J]. 基础教育课程，2017（23）：4.

单，如实记录自己参与的具体活动主题、个人所承担任务、参与的时段时长、具体分工情况以及实际完成效果等。填写要及时，材料收集要符合事实，有理有据，切实可查，为后期综合评价提供事实依据。三是强调阶段性科学评价。每学期末，教师要依据课程目标，结合平时对学生参与活动情况的观察，对学生的综合素质发展水平进行科学分析。要注意的是，在书写评价时，我们强调价值取向的引导，多提长处、优点，保护学生参与活动的积极性和自信心。对于不足也要明确提出来，帮助学生总结经验，不断进步。四是成立了综合实践活动课领导小组，以学年为单位，对在年级课程设置、活动安排、指导有效度等方面成绩突出的教师，以及积极参与、表现突出的学生，进行集体表彰。目的在于树立典型，培养榜样，促进我校综合实践活动课程可持续发展。

鉴于以上做法，我校在"致臻实践"课程实施与保障方面都做了具体的规定。

一、落实评价功能

"致臻实践"课程的评价功能有以下五个方面内容：一是课程哲学内涵丰盈。课程设置的价值取向明确，与学校教育理念保持统一，体现学校的办学理念，具有其学科特色，内涵丰盈，物化创新。二是课程目标指向清晰。课程目标应充分体现综合实践活动课程特点、教育理念和学校办学目标，要从学校实际情况出发，目标定位要准确，符合学生实际情况与个性化特点。三是课程内容丰富多维。课程内容的选择、设计，除了上级教育主管部门编撰的资源包之外，要突出自主设计的校本课程具有拓展性，强调活动形式的丰富多彩。课程内容的选择，要凸显学生个性发展需要，为学生的茁壮成长奠定基础。四是课程实施科学高效。在课程实施过程中，要采用适当方法，有效地推进措施的实施。活动充分体现学生独立体验和主要需求，激发学生参与活动的兴趣。教师对活动的指导及时有效，活动效果好。五是课程评价规范全面。课程评价做到多维的、综合的。无论对教师评价，还是对学生的评价，都要注意将平时每一项真实活动过程评价和年终总结评价相结合，避免简单的、套路性评价，充分发挥科学评价的诊断和激励功能。

二、价值观引领

为了更好地贯彻党的教育方针路线，把我们的教育与社会综合实践、劳动教育有机结合起来，指导学生自觉践行社会主义核心价值观，形成正确的价值体认，充分发挥学校综合实践活动课程在立德树人中的重要作用。我们充分认识到综合实践活动课程具有不可替代的重要性，为了确保我校综合实践活动课程的有效开发，我们利用业务学习时间，组织教师认真学习相关文件和具体方案，加强对综合实践活动课程的精心组织、整体设计和全面实施。不断探究课程开发、实施与自身文化相联结的新思路、凸显自身文化特色，不断提升课程实施水平，促进学生健康全面发展。

三、制度保障

"致臻实践"课程的制度保障有以下三个方面：

一是建立指导教师培训制度。我校间周开展一次集体业务学习，对综合实践活动课程专兼职教师进行专业培训。同时，大力提倡教师自主学习，互相交流。努力提升教师的专业素养，不断提高教师多学科知识整合的技能，研究、观察、分析教育对象的能力，促进开发课程资源和指导实践的能力。我们通过与教师座谈、集体交流等形式，了解教师的实际教研需求，开发有针对性的培训内容，组织教师按照课程要求进行系统学习，不断探索和改进培训方式方法。利用案例分析、专题研讨、综合实践活动课程沙龙等形式，不断激发教师自主研修、参与学习的积极性、主动性。

二是建立健全日常教研制度。学校通过邀请专家帮助提升之外，还鼓励教师进行团队研究、团队协作，充分发挥校本教研活动的作用，随时交流、及时研究、解决课程实施过程中发现的共性问题，努力提高课程实施效率。学校成立以骨干教师为主导的综合实践活动课程教研组，加强对综合实践活动课程实施过程的具体指导。教育活动形式多元化，将线上研修与线下研修相结合，将校本研修与校际交流研讨相结合，将自主研修与同伴共研相结合，不断提高我校综合实践活动教研效果和课程整体实施水平。

三是奖罚分明，建立激励机制。对认真负责、善于钻研、教学效果明显的老师给予表彰。对于在平时教研教改中，课程开发、实施中敷衍塞责，弄虚作假的老师，组织安排约谈，限期整改。

四、健全组织

为了确保相关制度得到有效落实，学校成立以校长为组长、分管教学校长为副组长的课程建设领导小组，统筹安排课程规划，督促指导课程实施，对学科课程进行全盘规划、实施及评价。

五、机制建设

学校通过以下三个方面健全"致臻实践"课程的机制建设：一是建立学校课程实施综合评价、量化管理机制，强化课程实施的全过程监督、管理。二是组建课程实施校级课题研究QQ群、微信群等，随时交流课程实施过程中的问题和困难，不断完善提升课程的实效性。三是不断完善校本教研管理措施，强化对教学研讨效果的督促，促进综合实践活动课程的有效实施和全面提升。

六、安全保障

活动开展，安全先行。为了综合实践活动安全、有序开展，学校设立活动安全风险预案机制，细化安全管理措施。分级落实安全责任、责任到人、有责必究。不断提高教师的安全意识，充分预先设定活动安全风险，加强学生的安全防范教育，提高学生的自我保护能力。同时，有针对性地制定活动安全守则，并组织所有参加活动人员认真学习，落实安全措施。

总之，综合实践活动课程不是一门传统意义上的学科，它是一门必须融合多学科资源的课程。随着教育的不断发展和深化，它已经成为我校课程体系不可缺少的一部分，成为我校校园文化最生动、最美的一笔，成为我校师生最喜欢的课程。实践课程的综合性、实践性、发展性、创新性要求我们必须不断探究、努力创新。我们将通过先进的价值理念、明确的课程目标、具体的实施要求、科学合理的评价方法和强有力的规章制度，有效保障综合实践活动课程的落地生根。我们要积极引导学生走进课程、走向社会、走入生活，开启学生长足发展的成长之门，最终实现教与学的最佳境界。

（撰稿者：李新侠　贾贤俊　储雅琼）

后记

为每个学生提供适应的课程，实现学生的全面发展和个性发展是我们的教育追求。我们的课程是在不断追问中前进的。回想合肥市蜀山区"品质课程"建设的历程，的确是一个不断提出问题，解决问题的过程。本书的学科课程群建设方案由两个高中地理、一个初中地理、四个小学语文、四个小学英语和一个综合实践活动共十二个学科课程群方案结合而成，涵盖了不同的学科、不同的学段、不同的学校课程群。

任何有品质的课程理念，只有落实到一个个具体的学科课程群建设方案中，才真正具有实践价值。本书以课程联结作为课程设计的主轴，精选课程内容，优化课程结构，促进学生核心素养的发展，这是在培养学生核心素养背景下探讨中小学课程联结的意义所在。因此，本书主要阐述了什么是课程联结、从哪些方面进行课程联结、如何从培养学生核心素养的理念来设计课程联结，从而最终达到培养学生核心素养的目的。这为课程联结的研究提供了方法论素材，同时对中小学教师学科课程群建设起到了引领示范作用。

我们深知，解决课程联结问题不可能是理论的组合与连接，需要因地制宜、灵活地对课程理论和实践方法进行有机地联结。所幸的是，学科课程群探索的老师们走过了一个"行动—唤醒—坚持"的过程，时光见证着我们的努力和成长。《课程联结：学科课程群设计方法》一书是我们综合组课程建设研究者的心血结晶。本书分为六章，从价值与意义、目标与素养、内容与目标、结构与时序、学习与主体、管理与文化六个方面介绍课程是如何联结的。这里更想让读者理解联结不仅是课程内部或外部的联结，联结更是一种教育理念。我们把这种教育理念应用到课程开发、实施或评价中去，从而为课程发展助力。当然，这个成果见证着我们越来越好的成长！

最后，在本书即将出版之际，感谢上海市教育科学研究院杨四耕教授的点拨和指导，感谢合肥市蜀山区教育体育局搭建学习平台，感谢参加编写本书的学校和老师们的不懈努力和坚持！

王慧珍　付丽莎

2021 年 2 月 10 日

书名	ISBN	定价	出版时间
学校整体课程规划的七个关键	978-7-5760-0424-3	62.00	2021年3月
课堂教学的30个微技术	978-7-5760-1043-5	52.00	2020年12月
教学诠释学	978-7-5760-0394-9	42.00	2020年9月
原点教学：提升区域育人质量的策略研究	978-7-5760-0212-6	56.00	2020年8月

学校课程发展精品丛书

书名	ISBN	定价	出版时间
学科课程群与全经验学习	978-7-5760-0583-7	48.00	2021年1月
育人目标与课程逻辑	978-7-5760-0640-7	52.00	2021年2月
学科课程与深度学习	978-7-5760-0505-9	52.00	2021年2月
学校课程的文化表情：百花园课程的学科指向与深度实施	978-7-5760-0677-3	38.00	2021年2月
学校文化与课程变革	978-7-5760-0544-8	62.00	2021年2月
语文天生重要：语文学科课程群设计	978-7-5760-0655-1	44.00	2021年2月
五育并举的课程体系：致良知课程的旨趣与探索	978-7-5760-0692-6	48.00	2021年1月
学科课程与育人质量	978-7-5760-0654-4	48.00	2021年1月
在地文化与课程图谱	978-7-5760-0718-3	46.00	2021年2月
中观课程设计与学科课程发展	978-7-5760-0624-7	36.00	2021年1月
大教学：英语学科核心素养培育的课程模式	978-7-5760-0462-5	46.00	2021年1月

特色学校聚焦丛书

书名	ISBN	定价	出版时间
不一样的生命，一样的精彩	978-7-5675-8675-8	34.00	2019年3月
童味正醇：特色学校的文化图谱	978-7-5675-8944-5	39.00	2019年8月
特色普通高中课程建设探索	978-7-5675-9574-3	34.00	2019年10月

书名	ISBN	定价	出版时间
儿童是天生的探索者:360°科学启蒙教育	978-7-5675-9273-5	36.00	2020年2月
做精神灿烂的教师:教师自我成长的5个密码	978-7-5760-0367-3	34.00	2020年7月
让教育温暖而芬芳	978-7-5760-0537-0	36.00	2020年9月
快乐教育与内涵生长	978-7-5760-0517-2	46.00	2020年12月
故事教育与儿童发展	978-7-5760-0671-1	39.00	2021年1月
美好教育:学校内涵发展的循证研究	978-7-5760-0866-1	34.00	2021年3月
把美好种进儿童心田	978-7-5760-0535-6	36.00	2021年3月
倾听生命的天籁:"天籁教育"的实践与探索	978-7-5760-1433-4	38.00	2021年9月
为了每一个孩子的美好心愿	978-7-5760-1734-2	50.00	2021年9月
向着优秀生长:"模范教育"的理念与实践	978-7-5760-1827-1	36.00	2021年11月

跨学科课程丛书

书名	ISBN	定价	出版时间
大情境课程:主题设计与创意评价	978-7-5760-0210-2	44.00	2020年5月
社会参与素养的培育模型与干预机制	978-7-5760-0211-9	36.00	2020年5月
大概念课程：幼儿园特色主题活动设计	978-7-5760-0656-8	52.00	2020年8月
项目学习：进入学科的课程智慧	978-7-5760-0578-3	38.00	2021年4月
STEAM课程的设计与实施	978-7-5760-1747-2	52.00	2021年10月
幼儿个性化运动课程	978-7-5760-1825-7	56.00	2021年11月

核心素养导向的课堂教学丛书

书名	ISBN	定价	出版时间
漾着诗性智慧的课堂教学	978-7-5675-9308-4	39.00	2019年7月
转识成智的课堂教学:核心素养导向的历史教学	978-7-5760-0164-8	40.00	2020年5月
学导式教学:学会学习的教学范式	978-7-5760-0278-2	42.00	2020年7月

书名	ISBN	定价	出版时间
高阶思维教学的关键技术	978-7-5760-0526-4	42.00	2021年1月
会呼吸的语文课:有氧语文的旨趣与实践	978-7-5760-1312-2	42.00	2021年5月
高阶思维教学的核心指向	978-7-5760-1518-8	38.00	2021年7月
磁性课堂:劳动技术课就这样上	978-7-5760-1528-7	42.00	2021年7月
核心素养导向的作业设计	978-7-5760-1609-3	40.00	2021年8月
语文,让精神更明亮	978-7-5760-1510-2	42.00	2021年9月
"六会"教学法:基于核心素养的课堂教学	978-7-5760-1522-5	42.00	2021年9月

特色课程建设丛书

书名	ISBN	定价	出版时间
教师,生长的课程	978-7-5760-0609-4	34.00	2020年12月
学校课程发展的实践范式	978-7-5760-0717-6	46.00	2020年12月
丰富学习经历:如歌式课程的愿景与深度	978-7-5760-0785-5	42.00	2020年12月
学科课程群设计方法	978-7-5760-0579-0	44.00	2021年3月
学校美育课程的立体建构:菁华园课程的逻辑与框架	978-7-5760-0610-0	36.00	2021年3月
关键学习素养与学科课程设计	978-7-5760-1208-8	34.00	2021年4月
学校课程设计:愿景建构与深度实施	978-7-5760-1429-7	52.00	2021年4月
生长性课程:看见儿童生长的力量	978-7-5760-1430-3	52.00	2021年4月
"慧阅读"课程:儿童视角	978-7-5760-1608-6	42.00	2021年6月
诗意栖居的课程愿景:智慧岛课程的逻辑与深度	978-7-5760-1431-0	44.00	2021年7月
每一个孩子都是最重要的人:V-I-P课程的内在意蕴与学科视角	978-7-5760-1826-4	54.00	2021年8月
给每一个孩子带得走的能力:井养式课程的旨趣与探索	978-7-5760-1813-4	42.00	2021年10月
指向核心素养的课程统整框架:I AM BEST 课程的学科之维	978-7-5760-1679-6	48.00	2021年11月